CONDUIT PAR DIEU

un missionnaire raconte

MARC D. COOLS

TEACH Services, Inc.
PUBLISHING
www.TEACHServices.com • (800) 367-1844

World rights reserved. This book or any portion thereof may not be copied or reproduced in any form or manner whatever, except as provided by law, without the written permission of the publisher, except by a reviewer who may quote brief passages in a review.

The author assumes full responsibility for the accuracy of all facts and quotations as cited in this book. The opinions expressed in this book are the author's personal views and interpretations, and do not necessarily reflect those of the publisher.

This book is provided with the understanding that the publisher is not engaged in giving spiritual, legal, medical, or other professional advice. If authoritative advice is needed, the reader should seek the counsel of a competent professional.

Copyright © 2021 Marc D. Cools
Copyright © 2021 TEACH Services, Inc.
ISBN-13: 978-1-4796-1292-5 (Paperback)
ISBN-13: 978-1-4796-1293-2 (ePub)

Published by

www.TEACHServices.com • (800) 367-1844

Ces mémoires sont dédiées à ma chère épouse Adelheid qui, dès le début, n'a pas hésité un instant à me suivre dans un monde inconnu mais s'est consacrée à soulager la souffrance humaine aussi bien physique que spirituelle. En deuxième lieu, on ne doit pas oublier nos deux enfants, Heidi et Ben, nés dans ce monde qui est devenu le nôtre. Sans négliger l'expérience de la présence de Dieu qui était toujours à mes côtés dans les moments où tout se déroulait sans encombres mais aussi dans les situations pénibles qui me semblaient sans issue.

« Le soir arrivent les pleurs, le matin l'allégresse » (Ps.90 : 6)

Kehlen (Luxembourg) Octobre 2018

Marc D. Cools

Table des matières

Commentaires . . . . *vii*
Objectif. . . . . *xi*
Introduction . . . . *xiii*

1. Ma jeunesse. 15
2. Des années décisives 19
3. Newbold College 21
4. Vous parlez de HASARD ? 23
5. Nos débuts 27
6. En route. 30
7. S'il vous plaît, Madame 35
8. Perdu dans la nuit 41
9. La lampe s'éteint 43
10. Le prix de l'eau 46
11. Les églises qui brûlent 50
12. L'Enfant maudit 52
13. Le jumeau. 54
14. Un jour à ne jamais oublier 57
15. Le vieux David 62
16. Les Sauterelles 65

17. Des Projets se Réalisent	67
18. Et Après.	70
19. Sous le « Mont Cameroun »	74
20. Douala	80
21. Oubenicam	86
22. Bloqué sur la piste	88
23. D'un champ missionnaire à un autre	96
24. La République Centre Africaine (RCA)	103
25. En route pour Ouadda	107
26. Tu vas adorer la bête ?	112
27. Nous voulons voir…	114
28. Que veut-il de moi ?	118
29. Notre père… Tu connais le reste	121
30. Conférences à Bangui	128
31. Berberati	132
32. Le restaurant	137
33. Les soirs de Bangui et PK6	139
34. PK 22	141
35. L'énigme.	142
36. Le Retour et Alors….	145

Commentaires

Mon fils ….. m'a remis ton livre dans laquelle tu racontes ton expérience missionnaire en Afrique et au Luxembourg. Je l'ai lu avec beaucoup de plaisir. Il m'a rappelé bien des souvenirs. Je voudrais donc te remercier……. Pour ce témoignage vivant.

—*Dr Richard Lehmann Prof. Emer.*
(Séminaire Adventiste de Collonges FR)

J'ai lu votre livre …..Je tiens à vous remercier de l'avoir écrit. C'est un livre simplement, et oh combien riche en témoignage et de bienfaits de notre Seigneur. Nous avons besoins de livres comme celui-là …….

—*P. Charlier, assistante secrétaire bancaire /*
membre de l'église Adventiste de Bruxelles centre

……. un pour qui n'a pas connu le temps des missions héroïques en Afrique – ce qui est mon cas - ce témoignage est passionnant. Le temps des missions où un simple déplacement est une aventure, sans assurance et sans grand confort, où les heures peuvent devenir des jours ou des mois, où les rencontres sont intenses et parfois bénies à jamais. Un temps où le missionnaire doit se débrouiller seul pour tout construire, où la relation avec Dieu s'expérimente à tout moment. Un temps où les missionnaires n'avaient ni GSM ni internet. Un missionnaire reste missionnaire à tout jamais. La lecture de son livre vous aidera à le découvrir à votre tour.

—*Christian Sabot, Trésorier fédération Belgo-Luxembourgeoise Christian Sabot*

Un livre intéressant écrit avec la profonde conviction que la mission chrétienne est encore nécessaire aujourd'hui.

—*P.J. Directeur ADRA Luxembourg*

Marc Cools me fait penser au cantique « Sous le soleil de l'Afrique, le païen meurt dans la nuit », aphorisme qui me faisait bien sourire quand j'usais mes premiers pantalons du Sabbat sur les bancs de l'église.

Or entre temps, mon cynisme enfantin a tourné en admiration, car l'Afrique si dynamique et fantastique a conquis mon âme de missionnaire.

C'est donc un plaisir de lire ce récit écrit dans un langage qui fait le charme d'un auteur polyglotte (employant ici et là une tournure allemande, anglaise ou flamande). Un livre sans longueur ni fioritures, – grâce à la mémoire sélective qui, avec les décennies qui passent, permettent de se concentrer sur l'essentiel.

Plus que ses mémoires, l'auteur nous dévoile comment Dieu ouvre et ferme les portes au bon moment et dont la main protège aussi longtemps qu'Il souhaite accomplir Ses desseins envers nous.

« Conduit par Dieu » : l'équivoque du titre est réussie, Marc Cools ayant été autant « guidé » que « piloté » par le Tout Puissant. Son témoignage commence par la brève description de son appel au ministère, suivit d'un miracle après l'autre (on n'oubliera pas comment l'auteur fut exempté de la guerre du Vietnam).

Qui est cet auteur? Un homme humble et soucieux du bien de « l'Œuvre », et à ses côtés, une femme dont la consécration marqua leurs enfants et d'innombrables couples africains pour l'éternité. Nous noterons au passage les noms d'autres missionnaires ; et puis bien sûr les africains comme on les connait : des héros de la foi. Marc Cools me fait penser au cantique « Sous le soleil de l'Afrique, le païen meurt dans la nuit », aphorisme qui me faisait bien sourire quand j'usais mes premiers pantalons du Sabbat sur les bancs de l'église.

Des pages qui vous émeuvent : l'amitié des musulmans envers les adventistes, le baptême d'un ministre des finances ; mais aussi le manque d'eau et les pluies torrentielles, les pannes et embouages, ou encore s'égarer dans la brousse où le missionnaire, lui, aurait bien pu mourir dans la nuit. Et dire que la sueur et le paludisme sont plus à l'ordre du jour que l'électricité n'est pas verser dans le cliché, mais le pain quotidien.

La nouvelle Afrique se goudronne et les aéroports vous rapatrient dès la première urgence. Internet, portable, GPS : La nouvelle génération est bien équipée. Raison de plus de raviver en nous l'esprit de sacrifice, car même si « les soucis du siècle et la séduction des richesses » étouffent facilement notre zèle, ce livre bouleversement témoigne qu'il reste encore de la place pour de nombreux moissonneurs.

Raison de plus de voir en ce livre un appel qui retentit dans la jungle tropicale (où la tôle ondulée existe encore!) et celle du béton des métropoles de tous continents : Que personne ne se repose sur des lauriers semés avec les larmes des pionniers! Ceux qui ont laissé leur traces dans la boue du bout du monde nous invitent à prendre la relève hors des sentiers déjà battus de la savane pour, à notre tour, porter la torche jusqu'aux les confins de l'obscurit.

Le récit évite le sensationnalisme et l'héroïsme, et à ceux que les bandits et autres serpents aux aguets font frémir, il sera bon de méditer sur les magnifiques promesses bibliques qui enjolivent ce livre et ramènent en second plan le poids du renoncement pour faire étinceler la joie d'être « conduit par Dieu ».

Notons pour terminer l'intermittence entre des récits de l'Afrique et du Luxembourg,- le troisième pays le plus riche du monde (PNB par habitant),- nous rappelle qu'entre temps, le « païen » est plutôt à discerner dans le brouillard de l'Europe que sur un continent qui, à son tour, pourrait venir en Macédoine pour nous secourir. Est-ce donc le fruit du hasard que le pasteur actuel en charge de nos églises au Luxembourg soit Angolais.

—*Sylvain Romain, Chercheur en Islamologie*

Objectif

Avant-Propos

Ceci n'est pas un roman ni une histoire où je me mets en valeur comme personne centrale. En lisant les pages qui suivront, vous feriez bien d'oublier tout cela pour apprécier la façon dont, tout au long d'une vie, Dieu met Sa main et La tient sur des gens ordinaires. Il faut que nous apprenions à ouvrir les yeux pour découvrir les voies de Dieu qui sont si souvent incompréhensibles. En chacun de nous réside cet inextinguible désir de réussir dans la vie et, si possible, de faire une grande chose qui puisse nous survivre. Mais en tout cela, nous oublions que quelqu'un de plus grand peut souvent mettre sa main dans nos existences. Sommes-nous disposés à le découvrir ? Dès qu'on en arrive à cette conclusion, ce n'est plus le « moi » qui compte, mais on peut donner toute la gloire à celui qui a dirigé et protégé. C'est l'objectif des lignes qui vont suivre. Rien n'a été exagéré.

« Nous dirons à la génération future les louanges de l'Eternel et sa puissance, et les prodiges qu'Il a opérés » (Ps 78 : 4)

Dans ce récit, mis à part ce que Dieu a fait pour moi et mes proches, je mentionnerai aussi des événements qui m'ont été transmis par des frères responsables qui étaient de passage chez nous. Entre temps, beaucoup ont déjà été mis au repos mais je voudrais que les actes miraculeux de Dieu à leur égard soient aussi conservés dans la mémoire de nos missions. Si, lors de votre lecture, vous trouviez certaines imprécisions, je vous prie de m'en excuser car ce serait dû à un défaut de ma mémoire. J'ai essayé du mieux possible de transmettre les événements comme eux-mêmes nous les ont racontés. Si vous, lecteur, connaissez plus de détails ou remarquez quelque erreur de ma part, je serais bien content que vous me le fassiez savoir. C'est regrettable que nos rapports missionnaires soient de plus en plus négligés dans nos églises. Il s'y trouve pourtant une puissance divine à découvrir. Dieu ne dort pas de nos jours. Nous sommes une église mondiale, et même la plus grande église protestante qui proteste encore actuellement. N'existe-t-il pourtant pas un danger en ce que nous nous limitions à l'endroit où nous trouvons et en même temps, que nous constations la lenteur de propagation de l'évangile dans nos régions ? À la fin, nous nous décourageons ! Élargissons nos horizons, informons-nous au-delà de nos frontières et découvrons comment le Seigneur agit dans le monde entier pour préparer un peuple pour son retour. « Le champ est le monde » (Mat. 13 : 38).

J'aimerais encore souligner que ceci n'est ni un ouvrage théologique, ni philosophique ! Ce sont simplement des faits de tous les jours. Des jours comme ceux que nous vivons quotidiennement.

Introduction

Il y a longtemps que je pense mettre une partie de ma vie par écrit pour le monde qui me survivra. Je pense surtout à mes enfants qui peuvent se poser la question « mais pourquoi et comment notre père a-t-il choisi d'être ce qu'il devenu ? » Je ne pense pas ici à mon caractère mais plutôt au métier de pasteur-missionnaire ou missionnaire-pasteur si vous voulez.

C'est une longue histoire, elle me prendra beaucoup de temps et présentera des obstacles que j'ai toujours trouvés immenses car depuis longtemps, je sais qu'écrire n'est pas mon fort. C'est une des raisons pour lesquelles j'ai si longtemps hésité à écrire ces réflexions sur ma vie. J'ai aussi rencontré une autre difficulté. Je n'ai jamais tenu de journal et de nombreux souvenirs sont partis dans le vent des années écoulées. Il me semble pourtant que les plus grands moments me sont encore restés en mémoire et je désire les partager avec vous, chers enfants, chers lecteurs. En regardant en arrière, je me rends compte de la façon dont Dieu m'a gardé et guidé au travers de situations souvent inattendues et difficiles. Il suffit d'ouvrir les yeux et de vouloir voir les miracles que Dieu accomplit pour nous, miracles qui semblent, à première vue, des choses banales de la vie quotidienne mais qui, en réalité, sont beaucoup plus que cela. Je me suis souvent rappelé le chant que j'avais appris chez les MV (JA aujourd'hui) : « Compte les bienfaits de Dieu ». Il y en a effectivement beaucoup. Encore une fois, il suffit de les voir !

Je veux aussi rendre hommage à ma chère épouse qui m'a suivi sans aucune plainte partout où j'ai été appelé à servir notre Maître. Elle m'a non seulement suivi mais aussi offert ses services dans un monde de souffrance physique et spirituelle. Nous avons toujours constitué une bonne équipe et nous remercions Dieu pour les multiples bénédictions dont nous avons pu être les témoins.

Je fais souvent référence dans mes sermons du sabbat matin ou à d'autres occasions à ces grands moments où j'ai pu rencontrer le Seigneur de plus près. Plusieurs personnes, y compris nos enfants, m'ont demandé de mettre ces choses par écrit. J'ai longtemps hésité mais je m'y mets maintenant. Je m'y sens un peu poussé. J'espère que vous aurez plaisir à lire ce témoignage non seulement pour vous réjouir ou par curiosité mais pour voir comment le Seigneur travaille dans la vie de chacun. « Sentez et voyez combien l'Eternel est bon » ! (Ps. 34 :9)

1. Ma jeunesse

Je suis un enfant des années de guerre et j'ai grandi dans une famille adventiste. Mes parents n'avaient pas la vie facile. Papa a été renvoyé de son travail à cause du Sabbat. Après avoir été mobilisé en 1939, il devint machiniste dans l'armée Belge. Un jour, pour ne pas tomber aux mains de l'ennemi, près d'Ostende, il a fait surchauffer sa locomotive qui, par conséquent, a explosé. Il a alors mis des vêtements civils et a entrepris une marche de plus de 125 km pour rejoindre à sa famille à Anvers. Il a ensuite trouvé du travail dans un atelier. Tout ceci lui a évité de devenir prisonnier de guerre. Ma mère a eu, en 1942, un accouchement difficile pendant l'occupation. C'était moi qui arrivais. Au bout de quelques mois, en plein hiver, j'ai attrapé une infection pulmonaire et le seul médecin disponible dans les environs ne me donnait que peu de chances de survivre. Une voisine a aidé ma mère à me sauver d'une mort certaine grâce à un remède des temps anciens, en me mettant dans ce qu'on appelait un « bain chaud de graines de moutarde ». Ne me demandez pas ce que c'est, mais il semble bien que cela ait eu un effet guérisseur. Ma fièvre

Ma fièvre à bientôt baissé et celui qui était condamné a alors retrouvé la vie. Comment je sais tout cela ? Eh bien, ma maman me l'a suffisamment raconté pour que je n'oublie pas ce qu'elle considérait comme un miracle.

à bientôt baissé et celui qui était condamné a alors retrouvé la vie. Comment je sais tout cela ? Eh bien, ma maman me l'a suffisamment raconté pour que je n'oublie pas ce qu'elle considérait comme un miracle. C'est Dieu qui lui a gardé son enfant. Il faut encore que je mentionne ici que notre maman n'a jamais cessé, depuis notre jeune âge, de nous lire régulièrement les histoires bibliques. Elle avait pour cela un livre dont elle racontait les histoires saintes de l'Ancien et du Nouveau Testaments. En grandissant, nous avons aussi reçu un peu d'argent de poche. Ce n'était jamais beaucoup mais assez pour apprendre la valeur de l'argent ainsi que notre responsabilité envers Dieu, aussi petits que nous étions. Si le montant était d'1 franc ou même 5 francs à l'occasion, elle avait mis en place, pour mon frère et pour moi, une tasse pour chacun dans l'armoire pour y rendre notre dîme. Nous avions encore des pièces de 10 ou 25 centimes avec un trou au milieu. Cet apprentissage depuis notre enfance nous a profondément marqués et joua un rôle important plus tard, comme vous allez le comprendre un peu plus loin. Nous allions à l'église chaque sabbat et très souvent à pied avec notre grand-père. La distance était de plusieurs kilomètres. Mais nous arrivions à l'heure pour le début de l'école du Sabbat.

De nombreuses années plus tard, le moment vint d'aller à l'école. Mais un autre problème s'est posé. Le petit Marc avait un défaut d'élocution, à tel point qu'on projetait de m'envoyer dans une école spéciale pour que j'apprenne à parler convenablement. Finalement, tout est rentré dans l'ordre sans école spéciale et des années plus tard, à la clôture de mon premier cycle scolaire, j'ai même obtenu un prix de la ville d'Anvers pour ma bonne élocution et ma lecture courante.

Mon père étant devenu commerçant indépendant, il espérait qu'un jour ses deux enfants pourraient entrer dans son entreprise. Mon frère aîné suivait des études techniques et moi, de 3 ans son cadet, j'avais entrepris des études de comptabilité. Nous sommes arrivés ici au début des années 1960. Pour bien comprendre la suite, je dois revenir au début des années 1950. « L'homme propose et Dieu dispose », comme dit le proverbe.

Notre église d'Anvers était tout au long de ces années dirigée par des pasteurs très enthousiastes, pleins d'amour et convaincus du message adventiste, qui ne laissaient pas de côté leur vie chrétienne et adventiste lorsqu'ils étaient dans le monde. Au cours de ces années, pour être précis le 21 juin 1958, j'ai été baptisé à Anvers par le pasteur De Ligne. J'ai entendu des sermons dont je me rappelle encore aujourd'hui. L'un d'eux fut celui du pasteur A. Deligne. Un sabbat matin pendant le culte, il raconta une histoire missionnaire extraordinaire que je n'ai jamais oubliée. L'histoire se passe en Algérie, dans les années 1960, à l'époque de la guerre de l'indépendance contre la France.

Une jeune fille de 19 ans fut enlevée et après une marche de 30 km à pieds nus, les rebelles décidèrent de se défaire de leur victime et la criblèrent de balles.* Je revois encore comment le pasteur Deligne nous a présenté cet événement dans son sermon. Des années se sont écoulées, le pasteur A. Deligne est parti vers son repos et moi, bien avancé dans l'âge aujourd'hui, je n'ai jamais oublié cette histoire missionnaire, bien que les détails aient quitté ma mémoire. Mais tout récemment, j'ai trouvé un livre écrit par Jean Kempf qui a passé toute sa vie dans les champs de mission, en commençant par le Maroc et l'Algérie et ensuite la RCA. Dans les pages de ce livre, *Il te montrera la voie*, j'ai retrouvé l'histoire de première main avec tous les détails. Je vous conseille vivement de lire ce livre de J. Kempf. Vous y trouverez l'histoire dans tous ses détails. Et pour ceux qui doutent, fouillez l'hebdomadaire « Paris Match » de cette époque. Je l'ai moi-même trouvé dans l'édition du 16 mai 1959. Ce récit extraordinaire est aussi paru dans la « Revue Adventiste » du 15 octobre 1959.

De plus, l'Eglise adventiste avait chaque année son congrès à Bruxelles. Celui-ci avait lieu au Palais des congrès d' « Egmont & Hornes ». Les 700 membres que comptait à l'époque la Fédération s'y trouvaient pour écouter les sermons et rapports missionnaires. Parmi les orateurs se trouvaient le Dr Nussbaum, pionnier de la liberté religieuse, sans oublier Jean Surrel, responsable de notre mouvement de jeunesse MV (Missionnaire Volontaire). Chacun d'eux parlait avec conviction et du fond du cœur. On sentait qu'ils étaient zélés pour l'évangile et sa mission.

Ces frères on fait naître quelque part en moi le désir d'être missionnaire ! Pourtant, au fil du temps, je m'étais destiné à tout autre chose. Mon but principal était d'entrer dans les affaires de Papa, comme comptable. Mais des événements, sur lesquels je n'avais pas compté, se sont produits. Certains problèmes dans ma formation de comptable, liés aux examens le jour du Sabbat, m'ont obligé à revoir mon parcours de vie pour finalement aboutir au séminaire « Oud Zandbergen » aux Pays Bas. J'y ai suivi avec succès le cycle de formation pour le pastorat. Ma vision d'origine a repris de l'allure. Je remercie mes parents qui m'ont toujours soutenu dans cette décision cruciale de ma vie. Un jour où j'étais en visite à la maison, nous avons dû aller voir Grand-mère. Ancienne exploitante de café, elle était déçue à mon sujet et ne comprenait pas que mes parents puissent si facilement me laisser entrer dans une branche de vie dont elle n'avait elle-même aucune notion et qu'elle considérait comme ne représentant rien. Réponse de mon père : « Maman, Dieu m'a donné deux fils : un pour moi, l'autre pour Dieu. Qu'il en soit ainsi ! » Cette remarque si rapide et convaincante m'a poursuivi jusqu'à aujourd'hui.

« Maman, Dieu m'a donné deux fils : un pour moi, l'autre pour Dieu. Qu'il en soit ainsi ! » Cette remarque si rapide et convaincante m'a poursuivi jusqu'à aujourd'hui.

{Elle fut projetée à terre par un choc violent, mais elle se releva. Les rebelles, stupéfaits, déclarèrent « Elle a la baraka (la chance), ne la tuons pas » .... Les fellaghas suspendirent le chemisier de Marie-José dans leur camp et près de deux cents d'entre eux défilèrent devant ce vêtement pour contempler cette chose extraordinaire} *: *Jean & Sigrid Kempf : Il te montrera la voie p. 212.*

2. Des années décisives

Après mon départ de l'école de commerce et d'administration et avant que j'aille au séminaire, Papa m'a trouvé un travail en Allemagne, chez un ami qui avait une usine de fabrication de matelas près de Francfort. Je pouvais aller travailler chez lui pour gagner quelques sous pour payer mes études au Séminaire. C'était une toute nouvelle expérience pour moi. Bientôt, j'allais avoir 18 ans et c'était la première fois que je quittais vraiment la maison paternelle et c'était pour l'Allemagne. En 1960, la guerre avait seulement pris fin depuis quinze ans et le pays étant en plein boom, il y avait du travail en abondance. Le voyage en train fut toute une aventure. Les trains étaient encore tirés par une locomotive à vapeur et à l'entrée de la gare de Aachen, il y avait des grilles partout pour guider les voyageurs vers les sorties. Bientôt, le train continua sa route vers Francfort sur le Main. L'ami de Papa m'avait envoyé des timbres postes qu'une fois arrivé à Francfort, je devais échanger à la poste pour récupérer des DM de manière à avoir de l'argent pour lui téléphoner dès mon arrivée. Ce que je fis sans tarder. Mon coup de téléphone reçu, il vint me chercher et une demi-heure plus tard, j'étais en route pour Neu-Isenburg, lieu de ma future résidence. Pour la première fois de ma vie, j'allais gagner de l'argent. J'avais une bonne paye et je voyais déjà la vie en rose. Pour mieux comprendre une de mes actions de jeune homme, il faut que je retourne quelques années en arrière. Lors d'occasions spéciales, ma mère nous ménageait une surprise avec une bouteille de jus de pommes, ce qu'elle nommait « Apfelwein » (« vin de pommes »). Mais une bouteille n'étant pas beaucoup pour une famille de quatre personnes, nous en recevions chacun un peu dans un verre spécial pour l'occasion. C'était juste assez pour en avoir le goût et provoquer le désir d'en avoir plus ! Maintenant, des années plus tard, devenu indépendant et ayant de l'argent en poche, un soir après le travail, mes pas m'ont porté vers un magasin pour acheter une bouteille d' « Apfelwein », cette fois-ci tout entière, pour moi seul. Mais grand a été mon étonnement de découvrir que le goût n'était pas le même et j'ai vite découvert que je n'avais pas acheté le bon produit de Maman mais du vrai vin de pommes, du « cidre » à je ne sais plus combien de degrés. Je me rappelle avoir bu deux verres et ensuite avoir bien dormi. Depuis ce jour, je n'ai plus jamais acheté d'« Apfelwein » mais uniquement du vrai jus de pommes, celui que ma mère nous servait !

L'ami de papa était un fervent membre de l'Eglise adventiste et bien sûr, j'ai accompagné sa famille chaque sabbat à l'église. Quelle chance ! Le premier sabbat où j'assistai au culte, j'ai rencontré une jeune fille blonde qui, au bout de cinq ans, est devenue ma chère épouse ! Elle travaillait aussi dans les environs dans l'attente d'entrer à l'école d'infirmière quelques mois plus tard. Une fois le temps écoulé, elle est allée à Düsseldorf pour commencer ses études d'infirmière et moi, après un détour par Anvers, je me suis rendu au Pays-Bas pour commencer mes études de théologie. Le seul moyen de communication que nous possédions en ce temps-là était des lettres envoyées par la poste (et le courrier était souvent lent), à l'occasion un coup de téléphone (très rare) ou éventuellement, une courte visite surprise. Au bout de trois ans, je me suis encore éloigné pour suivre des études à Newbold College en Angleterre. Ma chère Adelheid était toujours à Düsseldorf. Mais après avoir achevé le séminaire aux Pays-Bas et avant d'aller à Newbold, Reinder, Dieter et moi avions décidé de nous rendre en Suède pour colporter et nous faire un peu d'argent pour payer nos études. Là, nous avons bien pu travailler et notre avenir scolaire semblait assuré. Après trois mois d'intense porte-à- porte pour vendre nos livres, chacun est rentré chez soi et nous nous sommes retrouvés quelques semaines plus tard en Angleterre.

3. Newbold College

À la fin de mes études au séminaire de « Oud Zandbergen » aux Pays-Bas, je me suis rendu en Angleterre à Newbold College. Régulièrement, une fois par semaine, nous pouvions nous joindre à un groupe pour aller faire du colportage. C'était l'occasion de gagner une partie des frais d'étude ou se faire, de temps à autre, de l'argent de poche. J'accompagnais quelque fois ce groupe pour me faire un peu d'argent de poche. La voiture du Collège nous conduisait au lieu indiqué et le soir, on nous reprenait à un endroit précis pour le retour et le décompte. Je n'ai jamais été un grand colporteur et n'ai jamais aimé cela, pourtant j'avais des mois d'expérience en Suède derrière moi. Mais nécessité oblige ! Ce jour est demeuré pour moi inoubliable. La vente n'a pas été extraordinaire, mais je ne peux oublier ce qui suit.

C'était une rangée de maisons avec un petit jardin devant l'entrée comme on en trouve souvent. Je sonne et, comme d'habitude, on reste en attente de la surprise de qui on va rencontrer. Une dame âgée m'ouvre. Elle m'écoute gentiment et à la fin de mon discours, elle me fait remarquer que sa fille est absente et elle-même ne peut pas m'aider. Pourrais-je revenir une autre fois ? Lui ayant présenté mes excuses pour l'avoir dérangée et mes remerciements pour sa gentillesse, plein de courage, je continue vers la porte suivante. À nouveau une attente prolongée. Au moment où je veux m'en aller, la porte s'ouvre, et qui vois-je ? À nouveau une dame âgée comme la précédente. Mon esprit fonctionne très vite et pour éviter de faire le même discours pour entendre la même réponse que la précédente, je lui demande si sa fille est à la maison. Elle me regarde avec des yeux méchants et me dit très méchamment : « Ma fille est mariée depuis longtemps et vous n'avez rien à voir avec elle » et la porte se ferme avec un grand boum. Je me suis trouvé comme cloué au sol. Je me suis vite rendu compte de ma bêtise mais en m'éloignant, je n'ai pas non plus pu me retenir d'éclater de rire.

L'étudiant avec qui je partageais ma chambre à Newbold venait des États-Unis. Il s'agissait de James Thurmon et nous sommes bien vite devenus bons amis. C'est James qui m'a convaincu de me rendre aux EU pour terminer le « College » à Southern, au Tennessee. Mais avant de réaliser ce plan qui était devenu un rêve, j'ai dû mettre certaines choses en ordre. Ma fiancée qui étudiait à cette époque en Allemagne serait-elle d'accord de commencer notre vie commune dans un pays inconnu et loin de sa patrie ? Elle ne s'y est pas opposé. Nous avions prévu de nous marier avant de partir. Seul problème, après le mariage, elle devait encore retourner trois mois à Düsseldorf pour ses examens finaux et moi je devais partir sans tarder pour ne pas rater le début des cours à SMC. (Je ne dois pas oublier de mentionner le soutien que j'ai reçu de mes parents pour faire mes études à Newbold et pour déménager aux EU). Au bout des trois mois de séparation, je reçus mon épouse, je reçus un télégramme m'annonçant sa réussite aux examens et son arrivée quelques jours plus tard.

4. Vous parlez de HASARD ?

Adelheid a tout de suite trouvé du travail dans un hôpital non loin du « college ». Avec son diplôme allemand, elle a été bien vite reconnue comme « registered nurse » (RN). Grace à elle, j'ai pu terminer mes études à « Southern » sans problèmes financiers. Non, ce n'est pas tout à fait vrai. Il faut que je vous raconte le miracle qu'on a vécu ensemble !

La vie d'étudiant n'est pas toujours sans problèmes financiers. Pour être sincère, les recettes de fin de mois couvraient tout juste les dépenses courantes de notre ménage et ceci sans faire d' « extra ». À la fin du mois, notre première action était de mettre à part les « dîmes » pour le Seigneur. Pour bien les garder de côté, nous avions décidé de mettre l'argent appartenant à Dieu dans un bocal vide (un peu comme je l'avais appris chez ma mère étant enfant). Nous pouvions ainsi les mettre dans un sachet des dîmes le Sabbat suivant. Pourtant, un jour nos poches étaient vides, mais pas seulement nos poches mais aussi les armoires et le frigidaire. Que faire ? Nous avons regardé notre bocal avec l'argent de Dieu et nous nous sommes demandé si nous ne pouvions pas, pour une fois, emprunter chez Celui à qui tout appartient. Après avoir prié, nous avons décidé de ne rien Lui emprunter, en Lui demandant de pourvoir à nos besoins à Sa façon. Mon épouse est partie le matin comme tous les jours pour Cleveland/ TN où elle travaillait et moi au cours du jour. Quand je suis rentré chez moi, je me suis demandé comment Dieu allait faire pour nous donner à manger. Je n'ai pas trouvé de miracle en rentrant. Avec un grand creux au ventre et pour fuir toute tentation, je suis allé à la Bibliothèque. À l'heure où Adelheid rentrait le soir, je suis monté à l'appartement en attendant son arrivée. Un peu plus tard, je la vis descendre de voiture avec un grand sourire. Bien vite, j'ai compris la raison de sa bonne humeur. Un patient de l'hôpital lui avait donné $ 20 — i l avait tellement apprécié les soins rendu par l'Allemande qu'il lui avait donné cet argent ! Juste assez pour nous, pour boucler la fin du mois. Merci Seigneur ! Nous n'avons jamais oublié ce moment. Depuis, nous n'avons jamais manqué de faire confiance à Celui qui dit : « Le monde est à moi et tout ce qu'il renferme » (Ps 50 : 12). C'est un des premiers miracles que nous avons vécu assez tôt dans notre vie de couple !

Pour couvrir tous les frais du mois, j'avais aussi plusieurs sortes de travaux qui occupaient une grande partie de mon temps en dehors des études. L'un d'eux était dans un « french Lab » pour apprendre la bonne prononciation à ceux qui étudiaient le français, un autre était un travail de nuit dans la « Mc Kee baking company ». Mais ce dernier avait aussi son prix. Je me suis quelquefois endormi en classe. Alors la voix forte du professeur venant du devant de la classe me réveillait vite : « Marc Denis ! » Mais comment faire autrement ? Nous devions vivre !

Pourtant, vers la fin de l'année, un obstacle inattendu a fait surface. Pendant ces années, les États-Unis étaient en pleine guerre au Vietnam. Avec 500.000 soldats engagés dans ce pays lointain, « Uncle Sam » avait besoin de recrues, et c'est ainsi que j'ai un jour reçu un ordre de l'armée pour « me présenter à un lieu au TN pour être « drafted in the army » (« enrôlé dans l'armée »). À ce moment précis, j'ai profondément regretté d'être venu aux États-Unis avec un visa d'immigrant. Maintenant, Je n'avais plus de possibilité d'éviter l'appel aux armes. Aucune ambassade belge dans le pays ne pouvait m'aider. Ayant choisi les avantages américains, j'avais maintenant aussi des devoirs. Que faire et comment ? Personne ne pouvait m'aider ! À l'exception de mon épouse

Notre maison à Collegedale /TN-USA

qui me confia qu'elle était enceinte depuis un mois. Pour être sincère, je ne m'y attendais pas mais cela a été mon salut. Bien vite, une attestation médicale a suffi pour que je reçoive la note suivante de l'armée : « as expectant father you are exempt of military service » (« comme futur père, vous êtes exempté de service militaire »). Le hasard ? Vous parlez d'un heureux événement ? L'année scolaire a suivi son cours sans autres incidents. Après la « graduation », je voulais maintenant quitter le pays aux mille possibilités le plus vite possible. Il faut que j'intervienne ici pour exprimer à Dieu ma profonde gratitude de m'avoir sauvé de ce carnage au Vietnam. J'ai récemment vu un film documentaire sur cette sale guerre. C'est à ce moment-là que je me suis vraiment rendu compte de quoi le Seigneur m'avait sauvé. Ma vie allait probablement prendre une tout autre tournure. Je suis infiniment reconnaissant de la façon dont Dieu a pris ma vie en main. Je suis sûr qu'Il m'a sauvé et qu'Il avait d'autres plans pour moi.

Au lieu d'atterrir en Asie, j'avais maintenant plusieurs offres d'emploi dans quelques Unions des États-Unis mais je préférais partir. Dans ce but, j'ai écrit au président de ma fédération d'origine, Georges Vandenvelde, mais à ma grande stupéfaction, je n'ai jamais reçu de réponse. Après un mois d'attente, j'ai sollicité la Conférence Générale pour savoir s'ils avaient besoin d'un couple missionnaires. Une semaine plus tard, j'ai reçu une lettre de Fr. Pierson qui était président de la GC en ce temps-là, stipulant que ma Division d'origine cherchait un missionnaire au Cameroun. Au Moyen-Orient, plus précisément au Caire, elle avait aussi besoin d'hommes. Deux semaines plus tard, la décision finale était prise : le Cameroun.

Après différentes visites médicales, deux mois plus tard, nous avons reçu les billets d'avion pour New York et pour la suite en bateau pour l'Europe. Un passage par ma Division d'origine était nécessaire pour des informations plus précises. Ma première visite à faire en Belgique était auprès des bureaux de la Fédération. À mon grand étonnement, personne ici n'était au courant de la situation. Mais c'est aussi ici qu'un mystère m'a été dévoilé. Ma lettre de demande d'embauche à la Fédération n'était jamais arrivée à Bruxelles. Dieu avait-t-il d'autres plans pour nous ? Deuxième surprise : personne n'était au courant de notre départ pour le Cameroun. Le contact a immédiatement été pris avec les bureaux de la Division. Heureusement, ceux-ci étaient bel et bien informés de notre départ imminent. Pourtant, il a encore fallu patienter un mois. Cette période était considérée comme une sorte de congé de départ pour rendre une visite d'au revoir à nos familles respectives. Enfin, nous avons reçu nos billets ! Je me suis heureusement rendu compte d'une erreur de destination. Nous devions partir en bateau de Marseille vers Douala, capitale économique du Cameroun mais les billets indiquaient comme port final Durban, en Afrique du Sud. Finalement, tout est rentré dans l'ordre. Une semaine plus tard, nous partions d'Anvers en train vers Paris-Marseille où un frère est venu nous chercher à la gare et nous a conduits à l'hôtel pour une nuit. Mais bientôt, une nuit en est devenue sept ! En cause : la grève au port de Marseille. Il n'y a rien d'amusant dans le fait d'être bloqué dans une ville que vous ne connaissez pas, en connaissant tout juste quelques rudiments de la langue du pays. Ma connaissance de la langue française était limitée à ce que j'avais appris au temps où je fréquentais l'école à Anvers. De plus, un soir, nous avons été invités chez le pasteur de l'église de Marseille et il m'a demandé de prévoir la prédication du sabbat suivant. J'ai essayé de m'en défaire mais pour lui, mon niveau de français semblait suffisant et de plus, j'étais un missionnaire en route vers l'Afrique, j'avais sûrement quelque chose à raconter. Je vous assure que j'étais bien content que ce Sabbat matin soit terminé mais en même temps, j'étais étonné de ce que j'avais encore retenu de mes cours de langue à Anvers. Ou est-ce Dieu qui avait délié ma langue ?

Quelques jours plus tard, le frère responsable (dont j'ai oublié le nom) nous a informés d'un changement de voyage et en même temps de la libération de notre chambre d'hôtel. Nos billets de bateau étaient changés en billets d'avion. D'ici quelques jours, nous devions partir pour Douala. Mais il y avait encore un « mais » ! Vu que mon épouse était dans son septième mois de grossesse, il fallait posséder un certificat médical pour pouvoir voyager en avion. Heureusement, cette visite a permis de ne rien remarquer d'anormal et quelques jours plus tard, nous étions finalement en route pour Douala, Yaoundé, Nanga Eboko.

5. Nos débuts

Le vol de Marseille à Douala s'est déroulé sans encombres. Pour celui de Douala à Yaoundé, ce fut autre chose ! Entassés dans un vieux DC6, c'était beaucoup moins confortable et cela nous a donné un vrai avant-goût de ce qui nous attendait en terre africaine. À Yaoundé, nous étions attendus par le Frère H. Walder qui occupait le poste de trésorier de l'Union. Une fois passées les douanes où nous avons été fouillés de fond en comble et, heureusement, assistés par le représentant de l'Union, nous voici partis à travers Yaoundé vers la maison des Walder où nous avons passé la première nuit sous le ciel africain. Le lendemain, on nous a fait visiter les bureaux de l'Union et l'imprimerie adventiste. Ce même jour est arrivé le Fr. Adolphe Kinder qui, le lendemain, nous a conduits à Nanga Eboko, après 160 km de piste et de savane ! Les villages longeant la route nous ont donné une première impression du pays où nous avions atterri. Des maisons bâties en terre, avec un toit de feuilles de palmiers ou de bananes. Un mode de vie où il semble que tout le monde vit dans la rue. Des enfants qui jouent avec des anciennes jantes de vélo ou avec des jouets fabrication maison. Et brusquement, un troupeau de vaches sur la route en sens opposé vers la capitale, qui constituera la consommation journalière de viande de la population locale. Pendant ce voyage, nous avons été secoués sans fin à cause de l'état de la route. Elle n'était pas goudronnée mais revêtue de simple latérite qui soulevait d'énormes nuages de poussière, derrière ou devant nous, selon le sens du trafic. N'oublions pas que nous étions sur une des principales routes du pays faisant la liaison entre le sud et le nord. Dans quel monde étions nous arrivés ! Une fois arrivés à destination, Adolphe Kinder, président de la mission de Nanga Eboko, nous a expliqué notre tâche au sein de la mission. En réalité, jusqu'à ce jour, personne ne nous avait fait savoir pour quel travail nous étions envoyés au Cameroun. La communication était encore à l'ancienne, avec des lettres qui prenaient souvent des semaines pour arriver à destination. Fr. Kinder nous a finalement éclairés. Son épouse, qui s'occupait du dispensaire de la mission, avait dû rentrer en métropole pour des raisons de santé et son mari devait la suivre un mois plus tard. Nous avons alors commencé à comprendre de quoi il s'agissait. Passer d'un hôpital ultramoderne aux États-Unis à un dispensaire de brousse africaine, quelle différence pour Adelheid ! Pour moi, fraîchement diplômé du collège et à présent parachuté comme président de mission dans une Afrique que je ne connaissais pas, vous imaginez ! Et tout cela sans oublier que mon épouse Adelheid était enceinte de sept mois ! Ayant été bien secoué sur la route de Nanga, le bébé n'arriverait-il pas avant la date prévue ? En tout cas, pour le jour de l'accouchement, nous devrions faire le chemin de retour vers Yaoundé. Fr. Kinder était là pendant un mois pour m'introduire dans le travail quotidien mais mon épouse devait commencer le lendemain au dispensaire bien chargé de malades. Un brave aide-infirmier l'assistait. Nous avons oublié son nom.

Au bout de quelques jours de travail dans les paperasses du bureau de la mission a commencé l'apprentissage des visites et des voyages dans la brousse. Pour cela, il m'a fallu tout un équipement. Une sorte de camping à prévoir pour passer des jours et des nuits dans les villages de brousse mais sans le confort des campings européens ! Pas d'électricité, pas d'eau potable ni de toilettes et une moustiquaire absolument indispensable pour éviter d'être rongé par les moustiques. Après ces quelques semaines pendant lesquelles Fr. Kinder m'a fait connaître l'étendue de la mission, le voici qui part ! Il fallait maintenant se débrouiller par nous-mêmes, en comptant sur la grâce de Dieu. Encore quelques précisions : à la station missionnaire de Nanga se trouvait aussi le Collège adventiste. Plusieurs autres frères enseignants vivaient aussi sur le territoire de la mission ou, si vous préférez, la mission se trouvait sur le campus du Collège. De ce point de vue, nous n'étions pas seuls. Pourtant, question travail, tout était bien séparé. Ceci me soulageait car étant la plupart du temps absent du vendredi jusqu'au dimanche ou lundi, je savais que mon épouse n'était pas seule et qu'il y aurait de l'aide sur place au moment de son accouchement.

Frère Kinder m'a apporté une aide précieuse, aussi bien pour les travaux de bureau que les tournées en brousse. Il est est devenu mon bras droit pendant les mois à Nanga : le frère « Engozo Daniel ». Je dois également mentionner Thomas Bendele.

6. En route

Commençons par Thomas, un pasteur infatigable, tout le temps en route du matin au soir. Il avait une vieille mobylette. Jésus était son ami qu'il devait aller prêcher et servir. Infatigable homme de terrain. Aucun voyage avec son moyen de déplacement ne lui a été de trop. Aucun travail ne lui a été impossible et il était toujours disponible avec un grand sourire. C'est lui qui allait visiter en temps opportun les églises les plus éloignées pour les baptêmes et la Sainte Cène. J'ai beaucoup appris de lui, à commencer par son amour pour les gens et le service du ministère ainsi que dans le domaine des relations avec les africains. Un jour, suite à une absence d'une semaine, il est venu me voir pour me raconter un des problèmes qu'il avait rencontrés dans quelques églises. C'était pendant une tournée dans la brousse où il était parti pour servir la Sainte Cène. À un moment donné, il s'est rendu compte qu'il n'avait plus assez de jus de raisin. Il faut savoir que nous recevions du jus de raisin concentré en petites boites qu'il fallait alors mélanger avec de l'eau sur place. L'Union se procurait ces boites en Europe et les faisait suivre dans les différentes missions. Quand un pasteur en avait besoin, il venait en chercher au bureau suivant le nombre d'églises à servir. Je ne sais plus si le nombre de boites était insuffisant à ce moment-là ou s'il n'en avait pas pris assez. En tout cas, le jus lui a manqué en cours de route. La mission étant loin, à une distance de plusieurs jours de mobylette, il était impensable pour lui de rentrer pour renouveler son stock. Il s'est alors demandé comment faire. Les membres l'attendaient impatiemment… Il a alors conclu un arrangement avec Jésus. On trouve des boissons dans ces villages, non seulement de la bière (disponible partout) mais aussi de la limonade. Notre bon frère Thomas s'est alors procuré, dans un de ces villages de brousse, une limonade grenadine (qui est aussi rouge) qu'il a utilisée comme symbole du sang du Christ. Qu'aurais-je fait à sa place ? Si je me rappelle bien, j'ai pris la chose avec humour car il faut bien savoir se débrouiller !

Frère Engozo a été mon fidèle compagnon de voyage. Il connaissait toutes les pistes praticables et impraticables. Un jour, alors que j'étais parti en voiture, une vieille « Taunus », loin de la maison, la piste semblait vraiment impeccable. Pourtant, il m'avait bien averti qu'il y avait un pont en avant qui, selon sa description, pouvait poser des difficultés. Ne valait-il pas mieux emprunter une route plus longue mais plus sûre ? Je n'avais probablement pas bien compris. Je dois rappeler que mon français était encore au stade de l'apprentissage et que celui d'Engozo était meilleur mais africa-

Devant un obstacle infranchissable

nisé et pas toujours bien compréhensible pour moi. Après des kilomètres et des kilomètres, nous voici arrivés au fameux pont. Un « marigot » avait bien creusé son chemin à travers la voie et on avait fait une sorte de pont en jetant simplement deux grosses poutres. Après les avoir inspectées, ainsi que la largeur et la profondeur qu'elles couvraient, nous avons décidé de ne pas prendre de risques, même si nous étions tentés d'essayer. Plus tard, nous avons remercié le Seigneur de ne pas avoir pris ce risque. Nous ne serions jamais arrivés à destination mais probablement dans le marigot, 3 mètres plus bas !

Un autre voyage a eu lieu dans le « no man's land ». Je veux dire par là, dans la savane à quelque 150 km de la mission. Il est bon de se rappeler que durant cette période, les GSM n'existaient pas – ce qui veut dire que quand nous étions perdus, nous l'étions réellement ! Une grosse fumée s'est brusquement échappée du moteur. J'ai immédiatement coupé le contact. J'ai ouvert le capot et peu après, l'incendie qui s'était déclenché s'est arrêté. Il convient encore de préciser que je n'y connais absolument rien en mécanique. Après ouverture du capot, nous n'avons rien trouvé de spécial. Nous étions maintenant bloqués sur une piste en pleine savane, sans savoir que faire. La seule chose que mon frère Engozo pouvait me dire, c'était qu'ici, sur une « piste des pistes », les voitures passaient rarement, pour ne pas dire jamais. On pouvait seulement espérer qu'on remarquerait notre absence à la mission et qu'on se mettrait à notre recherche. Que faire dans une situation pareille ? C'est simple, nous nous sommes mis à prier. La prière faisait partie de notre vie. Le matin, avant les voyages, sur la route, au retour, nous demandions à Dieu de nous accompagner. Après avoir demandé au ciel de nous en venir en aide, nous nous sommes mis à attendre, en racontant des épisodes vécus ensemble. Une heure plus tard, nous avons entendu un bruit de poids lourd. Ce n'était pas une « fata morgana » (un mirage). Non, quelques instants plus tard, un gros camion rebroussait chemin. Dans pareille situation, vous pouvez être sûr d'être secouru. Il devrait empiéter sur la savane pour pouvoir croiser notre voiture qui bloquait le chemin, et sans poser d'autre question, le chauffeur nous a pris dans sa cabine et nous a conduits à la mission. Un certain frère Legal, attaché au collège Adventiste pour l'entretien général et à la mission, m'a accompagné le lendemain pour aller chercher et dépanner la voiture. Il avait à sa disposition une « deux chevaux ». Je dois avouer qu'avec un tel véhicule, on passe partout. Arrivés à l'endroit où nous avions laissé ma voiture, il a vite trouvé le problème. J'étais content d'être de retour. Il était tard mais j'étais en sécurité. Lors de la prière du soir, mon épouse et moi n'avons pas oublié de remercier le Seigneur pour son aide arrivée au bon moment.

L'épisode suivant que je n'oublierai jamais est celui du voyage dans le pays des « Maka ». Le Frère Engozo m'avait conseillé de m'y rendre pendant un long week-end. Ce n'était pas trop loin et les membres d'église m'attendaient impatiemment. Vu que dans ces endroits, tout manquait, les pasteurs avaient toujours à cœur d'apporter toutes sortes de marchandises, pantalons et chemises inclus. Comme c'était une région où se trouvaient de nombreuses églises et aussi beaucoup d'ouvriers, ma Taunus était chargée au maximum. Au bout d'une centaine de kilomètres, je me suis rendu compte que quelque chose n'était pas normal. Il me semblait que la voiture commençait à s'affaisser. Après une halte pour vérifier, je vis que les deux suspensions arrière étaient cassées et que les lames de ressorts reposaient sur la carrosserie. Que faire ? Retourner à la mission ou continuer dans l'espoir que le tout tiendrait sur la piste de brousse ? Engozo m'a encouragé en me disant que nous étions presque arrivés ! Comptant sur sa parole et la grâce de Dieu, nous avons décidé de continuer. Au bout d'une heure, je me suis renseigné : « C'est encore loin ? » - « Non, non, c'est juste après le virage suivant, un peu plus loin ». En roulant tout doucement à cause de la suspension cassée, j'ai vu le temps passer et il m'a semblé que le voyage était interminable. Pourtant, Engozo a continué à m'encourager avec les mêmes paroles : « Non, ce n'est plus très loin, nous sommes presque arrivés ». Dans peu de temps, le soleil allait se coucher et pour être sincère, moi, j'ai commencé à me faire du soucis : Allions-nous arriver ? La suspension tiendrait-elle jusqu'à la fin du voyage ? Quand il a fait noir dans la forêt, Engozo a montré des signes d'inquiétude. « Pourquoi es-tu nerveux ? » lui ai-je demandé. Touchant

Ne me demandez pas comment les suspensions ont pu tenir pendant cette longue tournée de brousse, mais je suis sûr que le Seigneur y a été pour quelque chose.

mon bras et le prenant entre ses doigts, il a répondu : « C'est la meilleure partie ! Toi, pasteur, tu ne dois pas t'inquiéter car tu es blanc et les blancs sont comptés mais nous, les noirs, nous ne le sommes pas. Un de plus ou de moins, personne ne le remarquera ». Quand le soleil eut complètement disparu, nous sommes arrivés au village où la totalité des membres nous attendait avec impatience. L'église n'a pas tardé à se remplir rapidement. Après des paroles de remerciement envers notre Seigneur et des prières de l'assemblée, nous avons occupé les places d'honneur près d'un feu de joie et les membres nous ont présenté des scènes bibliques avec des mimes et chants divers. Il était minuit quand j'ai pu me retirer dans ma case pour un repos bien mérité. Je pense qu'Engozo a été encore plus heureux de retrouver son lit après cette journée bien plus stressante pour lui que pour moi. Le lendemain, après le culte matinal, la voiture a été vite délestée de son contenu et j'ai remarqué avec soulagement que la Taunus remontait peu à peu. Nous avons poursuivi notre tournée sans autre problème notable. Ne me demandez pas comment les suspensions ont pu tenir pendant cette longue tournée de brousse, mais je suis sûr que le Seigneur y a été pour quelque chose.

« Mon Dieu en toi je me confie » (Ps 25 :1)

7. S'il vous plaît, Madame

Le jour est arrivé où mon épouse devait accoucher. Nous avons entrepris le voyage vers Yaoundé. La piste a fait le nécessaire pour que l'enfant se mette en route. Cette même nuit, Adelheid a été emmenée à l'hôpital pour l'accouchement. Mais en fin de compte, notre fille qui devait naître a pris un retard imprévu et le médecin de service a décidé d'intervenir par césarienne. La bonne sœur infirmière présente s'est probablement rendu compte du sérieux de la situation et a constamment prodigué des encouragements en faisant des signes vers le ciel par lesquels elle voulait probablement faire comprendre qu'en cas de tournure catastrophique, le ciel recevrait bien leur âme. L'intervention s'est finalement bien passée. Seulement, il manquait du personnel soignant pour transporter ma chère femme dans sa chambre. Je suis heureusement demeuré présent pendant l'accouchement compliqué car l'honneur m'est revenu de transporter mon épouse dans sa chambre, avec l'aide de quelqu'un passant au bon moment au bon endroit. Mais l'essentiel est que nous sommes devenus les fiers parents d'une belle fille blonde que nous avons appelée Heidi. Pourtant, tout ne s'arrête pas là. Deux jours plus tard, mon épouse est tombée malade par un staphylocoque et moi, j'ai attrapé la « fièvre dengue », également appelée fièvre de brousse, qui provoque des maux de tête terribles. Les missionnaires résidant à Yaoundé se sont bien occupés de nous. Au bout de deux semaines, Adelheid a pu quitter l'hôpital et j'ai, moi aussi, récupéré. Le lendemain, nous nous sommes mis en route pour Nanga Eboko. Adelheid n'a pas eu beaucoup de temps supplémentaire pour se reposer car de nombreux malades attendaient au dispensaire. Bien vite, une amitié et une bonne entente se sont développées entre l'hôpital de Nanga et son médecin d'un côté et le dispensaire et Adelheid de l'autre, les deux institutions ayant l'habitude de recevoir un flux constant de malades. Un beau jour, le médecin de l'hôpital est venu en visite chez nous avec une requête spéciale. À l'hôpital, un de ses bons et fidèles infirmiers avait perdu sa femme au cours de son 8ème accouchement. Le pauvre homme était complètement perdu et ne savait pas que faire de sa famille nombreuse et surtout de son nouveau-né. « S'il vous plaît Madame, ne pouvez-vous pas vous occuper de ce petit bijou ? Au moins jusqu'au moment où l'enfant ait un peu grandi ? » Nous n'avons pas eu à réfléchir longtemps et nous avons placé une petite blonde avec un petit noir dans le même berceau. Jamais une famille ne s'est si vite agrandie, je pense !

Nous nous occupions aussi d'une station de lépreux. La lèpre est une terrible maladie qui ronge les extrémités du corps humain. Heureusement, il existe aujourd'hui des médicaments qui peuvent empêcher la maladie de continuer à ronger les membres et même guérir les gens. Tous les mois, ils venaient chercher leurs comprimés au dispensaire. Ces médicaments étaient mis gratuitement à leur disposition par l'état camerounais. Mais malheureusement, la lèpre était souvent remarquée assez tard ou les soins étaient négligés. Les comprimés arrivaient à stopper la maladie mais les doigts et les orteils étaient déjà rongés. On avait prévu un village pour ces lépreux. J'ai oublié son nom, mais ces gens s'y étaient installés avec leurs familles. Ils travaillaient leurs champs dans des circonstances assez difficiles et on les approvisionnait régulièrement avec du riz et autres denrées alimentaires. Nous veillions à ne pas oublier le jour de la fondation « Raoul Follereau ». Mis à part ce jour important pour eux, j'y allais assez souvent. Nous y avions aussi une église qui était bien fréquentée.

Voici comment attacher la machette pour travailler au champ

Chaque fois que je m'y rendais, je pensais aux moments où Jésus en a guéri plusieurs :

une fois « un » (Marc 1), une autre fois « dix » (Luc 17). Nous attendons impatiemment le moment où Jésus reviendra et effacera une fois pour toutes la terrible maladie du péché. « …Il n'y aura plus deuil, ni cris ni douleurs » (Apoc. 21 : 4).

Quelques mois plus tard, la famille Augsburger, alors en fonction à Dogba, et un missionnaire qui se trouvait dans le Nord près de Maroua, allaient déménager à Bafang. On nous a demandé de nous déplacer vers le nord du pays. Le besoin était double : un pasteur et une infirmière capable de prendre soin d'un grand dispensaire où il fallait aussi s'occuper de nombreux accouchements. Notre déménagement a eu lieu en novembre. Après seulement huit mois en place à Nanga, nous voici partis pour Dogba, mille kilomètres plus loin dans le Nord du pays. Dans un vieux DC6, bien secoués dans les airs, nous sommes arrivés à Maroua où nous avons été accueillis par Fr. René Augsburger. Après un voyage d'une trentaine de kilomètres, une fois de plus secoués sur les pistes du nord, nous voici arrivés à la station missionnaire de Dogba. Celle-ci avait été fondée par Fr Ruben Bergström dans les années 1930. Mise à part la nouvelle maison construite dans les années 1950, celle du premier missionnaire R. Bergström était

*La terrible maladie.
Des gens sans doigts ni orteils*

toujours intacte et habitée par une famille africaine. Quand Bergström est parti, il a été remplacé par Albert Bodenmann qui a déménagé début 1960 à Ndjamena (qui se nommait Fort Lamy en ce temps-là). C'est lui qui avait appris (comme le frère Bergström) la langue Foulani pour avoir un accès plus direct à la population. Bodenmann est aussi le pionnier de l'œuvre adventiste au Tchad. Nous sommes allés ensemble voir le terrain à Béré où a été plus tard construit le dispensaire qui est devenu l'hôpital adventiste du Tchad. Nous écrivons en 1968.

Revenons à notre nouveau poste d'affectation. Bientôt, les Augsburger sont partis et nous sommes à nouveau seuls. Ici, pas d'autre couple missionnaire sauf à 100 km de là, à l'hôpital adventiste de Koza.

À l'occasion, nous recevions la visite du médecin de cet hôpital pour des cas grave et difficiles. Le médecin de service à Koza était, à cette époque, le Dr Koliah Steveny. Mon épouse a vite appris le langage Foulani et avait ainsi un rapport facile aux femmes musulmanes du village. Lorsque je jette à présent un regard cinquante ans en arrière, je me rends compte que notre œuvre missionnaire a vraiment commencé ici. Nous étions seuls et dépendions de la grâce de Dieu. Nous avions de très bonnes relations avec les villageois de l'autre côté du marigot. Adelheid était très appréciée pour son bon et fidèle service envers la population indigène qui venait de près et de loin. J'y reviendrai plus tard. J'entretenais personnellement de très bons rapports avec Bakari, le chef de la partie musulmane du village. À certains moments, je lui ai demandé conseil et il faisait de même envers moi, pour le fonctionnement de certaines choses. Laissez-moi vous donner un exemple : un jour, dans le village, un homme a porté plainte contre quelqu'un de la mission (je ne me rappelle plus les détails). Bakari ne savait pas quoi décider. Il est alors venu chez moi me demander ce que j'en pensais et comment faire.

Nous avions dû rendre notre bébé adoptif de Nanga avant notre départ pour Dogba. Il en est resté un certain vide dans la famille. Au mois de février, nous attendions notre deuxième bébé. Le médecin de l'hôpital de Maroua nous a conseillé de nous rendre à Yaoundé pour l'accouchement, vu la précédente césarienne. Deux mois avant le grand moment prévu, Adelheid a dû partir avec la petite Heidi en avion à Yaoundé. Ce furent les deux mois les plus difficiles pour moi, deux mois tout seul à la station de Dogba. Mais Dieu est bon, j'ai appris la patience et la confiance. J'étais occupé à enseigner à l'école que nous avions créée pour former de jeunes pasteurs. À la station existaient aussi deux classes d'école primaire. Je m'entendais très bien avec les deux maîtres d'école, Amos et Houli, et ils étaient de vrais amis. Notre aide-infirmier au dispensaire, Daimon, a dû se débrouiller pendant l'absence de mon épouse. Après l'heureux évènement, Adelheid a repris sa place au sein de notre petite famille et au dispensaire. Tout le monde a été heureux de la revoir, surtout les malades.

7. S'il vous plaît, Madame

J'ai un jour été invité par un ouvrier évangéliste à venir rencontrer les gens qu'il avait préparés au baptême et en même temps, à voir l'endroit où ils auraient lieu. Je n'ai pas pu m'y rendre en Land Rover car les berges de la rivière (qui était à sec à cette époque de l'année) étaient trop élevées et de l'autre côté, il n'existait même pas de piste pour rouler en voiture. Nous (un jeune dévoué du nom de Sanda m'accompagnait) avons emprunté des vélos et nous nous sommes mis en route. Après un voyage de plusieurs heures par un soleil brûlant, nous avons atteint un village au pied des montagnes. Le lieu était magnifique.

Après l'examen des candidats, nous nous sommes rendus à l'endroit choisi pour les baptêmes. Je me suis demandé où on pouvait trouver de l'eau, ici, dans ce lieu perdu dans la savane, et en pleine saison sèche. Après avoir grimpé par un chemin étroit et rocailleux, nous sommes arrivés à un magnifique bassin d'eau. Les mots me manquent pour le décrire. D'un côté, l'eau tombait dans le bassin et le surplus sortait de l'autre côté. Je n'avais jamais vu une telle beauté de la nature, dans un endroit aussi sec.

Le Baptistère fait par Dieu

Un baptistère parfaitement fait par les mains de Dieu. Après la visite de ce lieu magnifique et de retour au village, nous avons encore eu une réunion avec les membres et les candidats. Lorsque nous avons terminé notre visite, il était grand temps de rentrer. Le soleil commençait à se coucher et le coucher du soleil est rapide sous les tropiques. Mais en chemin est arrivé ce que je n'avais pas prévu. Sur la piste, pleine de cailloux et d'épines, non pas un seul mais les deux pneus de mon vélo ont cédé. Il ne nous restait plus qu'à rentrer à pied, vélos à la main. Le comble de la situation était que je n'avais pas mis de souliers convenables mais de simples chaussures de plage, des flip flop, effectivement bonnes pour la plage mais sûrement inadaptées à la brousse. Le pire était encore à venir. À un moment donné, nous avons entendu des bruits étonnants mais nous n'y voyions presque plus rien vu, tellement l'obscurité avait gagné le ciel ! Mon compagnon Sanda (chaussé comme moi) a fait comme s'il n'avait rien entendu et m'a fidèlement suivi comme si de rien n'était. Quand le bruit s'est intensifié, je lui ai posé la question : d'où pouvait venir ce bruit qui devenait inquiétant ? À haute voix et presque avec un sourire, comme je l'ai entendu et imaginé à sa façon de parler, il a répondu : « Oh ! Ce n'est rien pasteur, ce n'est que le bruit glissant d'un gros serpent qui nous suit ! » Ne croyant pas ce qu'il disait, je lui ai demandé de répéter, comme si je n'avais pas bien compris. Il a répété ce qu'il venait de me dire en ajoutant tout de suite : « Mais ne vous en faites pas, pasteur, Dieu est grand ! » Courageusement, il a continué le chemin et j'avais le cœur presque dans la gorge. Pour être sincère, j'étais content d'arriver une heure plus tard sain et sauf à la mission. Depuis ce soir-là, ce verset de Job 36 : 26 « Dieu est grand, mais Sa grandeur nous échappe » ne m'est plus jamais sorti de la tête. Ce jeune frère m'a appris, en récitant la première phrase de ce verset, une leçon que je n'ai plus jamais pu oublier. Sa profonde confiance et sa connaissance des écritures sont devenues pour moi un exemple à imiter jusqu'à ce jour. Merci Seigneur pour l'exemple de Sanda, ce jeune garçon qui m'a appris une si profonde leçon ! Des années plus tard, Sanda est devenu pasteur !

8. Perdu dans la nuit

Un soir (il faisait déjà bien noir car le soleil se couche tôt en Afrique), nous avons entendu la voix d'un homme qui appelait à la terrasse de la maison : « madame, madame…. », accompagnée de l'aboiement du chien. Lorsque nous l'avons rencontré sur le pas de la porte, il nous a expliqué que son épouse était depuis assez longtemps en proie aux douleurs de l'accouchement. « S'il vous plaît, ne pouvez-vous pas venir nous aider ? » Vu que nous avions deux petits enfants à la maison et que le lieu semblait assez éloigné, nous avons décidé que moi seul irais chercher la femme et mon épouse resterait avec nos deux petits dans l'attente de notre retour. Je me suis mis en route avec la Land Rover, accompagné du mari qui devait me montrer la route, chose qui n'est pas si aisée en pleine obscurité. Nous étions en pleine saison des pluies, le maïs, le coton et les autres cultures étaient en pleine croissance. Ajoutons encore qu'à cette époque de l'année, les routes traditionnelles sont très souvent inondées, les ponts coupés, il faut se chercher des passages inhabituels. Mon cher guide de cette nuit m'indiquait constamment : « ici, par là, tout droit » etc. Au temps où n'existaient pas encore les GPS ou les téléphones portables, je n'ai pas eu d'autre choix que de suivre les indications de mon compagnon avec, comme seule vision, les phares de la voiture qui éclairaient un trou noir dans le vide devant moi. J'ai commencé à me poser des questions : arriverait-on à destination ? L'homme s'avait-il encore où il se trouvait ? Alors brusquement, après de multiples « gauche….droite…etc. », celui qui devait devenir père est un peu devenu nerveux (ceci est déjà inhabituel pour un Africain) et finalement, il a craqué en avouant qu'il était perdu et ceci au milieu d'un champ de coton. Il m'a demandé de m'arrêter pour qu'il puisse se réorienter. Personnellement, je n'avais aucune idée d'où nous pouvions être. J'espérais seulement qu'il pourrait s'y retrouver. Devant, derrière, à gauche, à droite, je ne voyais que l'obscurité et en haut, le ciel étincelant d'étoiles. Que faire ? Au bout d'un moment de réflexion, mon compagnon est descendu de voiture en me disant : « suivez-moi s'il vous plaît, je cours devant dans la lumière de vos phares, je sais que nous ne sommes pas loin. » Nous voilà à nouveau partis. À mon étonnement, il courait (vraiment courir, dans le plein sens du mot) avec les phares du Land Rover maintenant braqués sur lui. En le suivant ainsi, une histoire de la Bible m'est venue à l'esprit : Elie qui court devant le char d'Achab dans une pluie torrentielle pour lui montrer le chemin (1 Roi 18 : 46). Mais cette fois-ci, ce n'était pas la pluie mais l'obscurité, et c'est moi qui avais besoin que quelqu'un coure en avant pour montrer le chemin et ainsi, je me suis senti comme Achab. Quand nous sommes arrivés au village, nous avons embarqué la pauvre dame dans la voiture, espérant que nous arriverions à temps pour l'accouchement. Le voyage du retour, le chemin maintenant connu, s'est déroulé sans trop de difficultés. Lorsque nous sommes arrivés au dispensaire, mon épouse s'est trouvée face à un accouchement compliqué. Cette même nuit, j'ai encore conduit la dame 30 kilomètres plus loin, à l'hôpital de Maroua.

9. La lampe s'éteint

Malgré nos occupations journalières, Adelheid au dispensaire et moi avec les affaires quotidiennes de la mission, nos enfants se promenaient avec leurs « boys » dans le village appartenant à la mission à l'autre bout de la station. C'est là qu'habitaient mes fidèles compagnons de service Sanda et Togloko. Notre fille Heidi se rendait régulièrement dans ce village à majorité adventiste pour jouer avec les autres enfants du village. Pour s'y rendre, il fallait traverser une centaine de mètres de no-man's land. D'un côté du chemin qui conduisait au village se trouvait encore la première maison construite par le Fr. Bergström dans les années 1930, à un autre endroit, il y avait une sorte de silo, où les villageois portaient leur récolte de « millet » pour être conservée en temps de crise. Pour le reste de la distance qui séparait notre maison du village mentionné, il n'y avait rien d'autre que quelques buissons et des palmiers. Une fois le soleil couché, il fallait faire le trajet avec une lampe de poche ou une lampe-tempête. De plus, pendant la nuit, il était déconseillé de se déplacer vu le danger que représentaient les hyènes ou autres animaux qui rodaient dans les environs pendant les heures sombres. Je vais vous en donner quelques exemples.

Il est arrivé qu'à un certain moment, le Fr. Bergström fasse la rencontre d'un de ces animaux. En sortant de sa maison le soir, il vit au loin deux yeux qui le regardaient dans la nuit. Il pensa tout de suite : « une panthère ». Aussi vite qu'il était sorti, il rentra pour chercher son fusil. En sortant, il visa rapidement les yeux brillant dans le noir et tira. Il se rendit compte un peu plus tard qu'il avait tiré sur son propre chien. L'animal n'a pas survécu. Pour montrer le danger de la nuit, voici ma propre expérience. Nous avions un poulailler derrière la maison. Nous avions ainsi chaque jour quelques œufs frais. Mais un jour, j'ai commencé à me rendre compte qu'il manquait régulièrement une poule le matin. Le lendemain, encore une. Je faisais maintenant attention pendant la nuit. Eh oui ! Vers minuit, nous avons entendu un hurlement dans le poulailler et une poule manquait à nouveau le matin. Lorsque j'ai consulté mes frères, pour eux, Africains, ce ne pouvait être qu'une hyène. Je me suis rendu chez le chef du village des Musulmans, mon ami Bakari, sur l'autre rive du marigot, pour lui demander de l'aide en me prêtant son fusil, chose qu'il a faite sans autre complication, en me donnant non seulement son fusil mais aussi des cartouches en abondance. La nuit suivante, quand je me suis posté de garde avec le fusil dans les mains, l'animal est revenu. C'est la seule fois de ma vie où je me suis servi d'une arme. Mauvais tireur que je suis, j'ai sauvé mes poules mais raté la hyène. Une nuit, notre chien aussi a été attaqué par une de ces bêtes sauvages. Lui aussi l'a payé de sa vie. Tout ceci pour rappeler que les déplacements de nuit autour de notre maison n'étaient pas sûrs.

Un jour, après le repas du soir, le soleil étant déjà couché, mon épouse et moi étions encore à table, parlant des événements de la journée. Rien de plus que les affaires courantes, mais assez pour nous donner matière à discussion. Quand brusquement, nous entendîmes dans le lointain un enfant pleurer et crier dans la nuit. Que se passait-il ? Cela ne pouvait pas être notre dernier né, il dormait tranquillement dans son berceau. Mais Heidi, où était-elle ? Nous l'avons appelé, mais sans réponse. En écoutant un peu plus attentivement, nous nous sommes rendu compte que les pleurs venaient de loin et que c'était la voix de notre fille. J'ai tout de suite pris ma torche et, en me laissant guider par les hurlements, j'ai couru dans l'obscurité. Et qu'ai-je vu ? Au milieu de rien, j'ai retrouvé notre fille avec une lampe-tempête qui avait cessé de fournir sa lumière dans la nuit sombre et dangereuse ! Je vous assure qu'elle a été très contente de retrouver son papa et lui-même a été content de retrouver sa fille. Elle n'est plus jamais sortie de nuit avec une lampe qui semblait donner l'assurance de

9. La lampe s'éteint

voir clair. Nous n'avions pas de raison d'être fâchés car nous étions trop contents de retrouver notre trésor sain et sauf dans nos bras.

N'y a-t-il pas une parabole où Jésus raconte l'histoire de dix filles qui partirent avec leurs lampes pour rencontrer l'époux ? Mais cinq de leurs lampes s'éteignent (Mat. 25) et en Luc 11 : 35, Jésus dit : « Prends garde que la lumière qui est en toi ne soit ténèbres ».

10. Le prix de l'eau

Il a un jour fallu que je me rende à Fort Lamy, aujourd'hui N'Djamena. Une rencontre était prévue avec le Fr. Bodenmann pour aller voir un terrain pour l'implantation d'un dispensaire. L'Union avait décidé de s'y installer en plus de la mission que Bodenmann avait commencée dans la capitale afin de lancer une œuvre médicale au Tchad. Le lieu choisi était « Béré ». J'ai été invité par notre frère Bodenmann à l'accompagner pour voir le terrain que le gouvernement nous avait proposé. Alors qu'il existe aujourd'hui une route goudronnée entre Maroua et N'Djamena, dans ces temps- là, c'était une piste peu fréquentée à travers les steppes du nord du Cameroun et un bac assurait la traversée du Chari pour arriver dans la capitale du Tchad. La piste était difficilement praticable pendant la saison des pluies et très poussiéreuse pendant la saison sèche par une température qui pouvait facilement atteindre les 35 °C. La distance entre ces deux villes était de plus ou moins 270 kilomètres et il fallait toute une journée pour parcourir le trajet. Je suis parti tôt le matin pour profiter de la fraîcheur du jour. Gadabak, mon ami qui m'accompagnait fidèlement pendant mes voyages où que ce soit, m'a, comme d'habitude, accompagné ce jour-là. Les voyages dans ces contrées étant toujours pleins d'imprévus, il est en effet déconseillé de voyager seul, surtout sur des distances pareilles.

Arrivé à mi-chemin, le soleil commençant à taper de plus en plus fort, j'ai remarqué une chose étrange dans la conduite de la Land Rover. La voiture a commencé à perdre de la puissance. Plus j'appuyais sur la pédale de l'accélérateur, plus la voiture avait de difficultés à avancer et semblait freiner. Que se passait-il ? Un peu plus tard, une fumée est sortie du moteur et tout s'est arrêté. J'ai fait des études de grec et d'hébreu, mais il me semble qu'il m'a manqué de suivre un cours de mécanique automobile car j'étais maintenant bloqué en pleine brousse/savane avec le moteur de la voiture bloqué et fumant. Après examen de la situation, je me suis rendu compte que le tuyau d'arrivée d'eau du radiateur avait lâché et que le liquide de refroidissement du moteur manquait. C'est la raison pour laquelle le moteur avait surchauffé et s'était bloqué.

Je ne voulais pas utiliser l'eau potable que j'avais en réserve pour remplir le radiateur car mettre de l'eau froide dans un radiateur et la faire circuler dans un moteur surchauffé peut provoquer son éclatement. Si cela se produisait, je n'aurais plus de voiture et plus d'eau pour survivre. Je me suis alors dirigé vers Gadabak (le convoyeur) avec l'intention de lui demander d'aller chercher de l'eau quelque part. Peut-être trouverait-il ici ou là un village où on pourrait nous aider ? Il me semble qu'il n'était pas tellement enchanté à l'idée de se mettre en recherche. Pourtant, Gadabak est parti et je l'ai vu disparaître à l'horizon en espérant qu'il réussirait. Dans mon cœur, je priais « Seigneur, viens à notre secours ». Gadabak ayant disparu à l'horizon, je me retrouvais tout seul et je n'avais alors rien à faire d'autre qu'à attendre. Dans une situation pareille, chaque minute semble une éternité. Heureusement, régulièrement, ici et là dans les buissons qui m'entouraient, un oiseau venait me tenir compagnie et se faisait entendre par un beau sifflement.

J'attendais. Déjà une heure que Gadabak était parti chercher de l'eau. Finalement, je le vis réapparaître au bout du chemin par lequel il était parti. Au fur et mesure qu'il approchait, je remarquai qu'il avait quelque chose à la main. Avait-il réussi à trouver de l'eau pour remplir à nouveau le radiateur ? Oui, il avait de l'eau, mais une petite calebasse ne contenant pas plus d'un litre.

— C'est tout ?

— Oui monsieur, dans le village que j'ai trouvé, les gens m'ont dit qu'ils ne pouvaient pas m'en donner plus car il y a un manque d'eau chez eux.

Ce qui est compréhensible, ai-je pensé.

Maintenant, il ne nous restait plus qu'à attendre ensemble, dans l'espoir que quelqu'un passe. Le Ciel connaît notre situation. Vers trois heures de l'après-midi, un nuage se forma à l'horizon. Une voiture approcha, de l'aide en vue ? Elle pouvait seulement passer en entrant dans la brousse. Gentiment, le conducteur de la voiture (un autre vieille Land Rover) s'arrêta et nous interrogea sur notre malheureuse situation. Quelques explications suffirent pour que le monsieur examine le moteur. « Il semble gravement brûlé, nous allons essayer quelques chose » me dit-il. Il ouvrit sa voiture dans laquelle je vis plusieurs fûts remplis d'eau. Il mouilla d'abord un chiffon et le posa autour de l'alternateur ou quelque autre pièce (dont j'ai oublié le nom) qui était dans l'engin. Il remplit ensuite notre radiateur et me dit : « Allons-y, nous verrons si ça marche ! ». Je tournai la clé de contact et tout démarra immédiatement. Jamais auparavant je n'avais été si content d'entendre démarrer le moteur d'une voiture.

Dans l'attente du retour de Gadabak qui est à la recherche d'eau

Le garagiste m'a dit que, normalement, avec une voiture ordinaire, le moteur aurait été complètement fichu. Mais, probablement par miracle, celui-ci avait tenu le coup. Eh bien ! Nous avons vécu deux miracles le même jour. Mes pensées vont vers le Ps 60 :14 Avec Dieu, nous ferons des exploits.

Nous avons plusieurs fois redémarré pour voir si cela tenait le coup. Quand l'homme a vu que cela fonctionnait, aussi vite qu'il était arrivé et sans nous attendre, il est parti sur un « bon voyage et ayez du courage ». Je n'ai jamais pu savoir qui était celui qui nous avait secourus mais nous avons remercié le Seigneur pour l'aide qu'Il nous avait envoyée. Au bout de 150 kilomètres de plus, nous avons atteint « Fort Foureau » qui s'appelle aujourd'hui

« Kousséri ». Nous sommes arrivés juste à temps pour prendre le dernier bac du jour pour Ndjamena.

Plus tard, je me suis renseigné sur le problème. Le garagiste m'a dit que, normalement, avec une voiture ordinaire, le moteur aurait été complètement fichu. Mais, probablement par miracle, celui-ci avait tenu le coup. Eh bien ! Nous avons vécu deux miracles le même jour. Mes pensées vont vers le Ps 60 :14 Avec Dieu, nous ferons des exploits.

11. Les églises qui brûlent

Pendant nos années de service au Cameroun, Monsieur Ahmadou Babatoura Ahidjo a été président de la République. Le pays a obtenu son indépendance en janvier 1960. Le 5 mai, M. Ahidjo a été élu le premier président du pays indépendant. Pourtant, pour bien comprendre ce qui suit, il faut savoir qu'Ahidjo est né à Garoua, une assez grande et importante ville dans le Nord du pays, située 200 km plus bas que Maroua. Le nord est un pays musulman, majoritairement habité par des Foulani. C'est une ethnie composée d'un mélange de peuples d'Afrique de l'ouest qui ont été islamisés depuis des décennies. Alors Ahidjo, comme enfant venu du Nord, était aussi musulman et naturellement un « El Hadji », nom donné à tous ceux qui ont fait un pèlerinage à la Mecque. Si je me rappelle bien, les habitants, chrétiens et musulmans, vivaient ensemble sans problème. Paix et harmonie régnaient. Mais un jour, je ne sais plus pour quelle raison, le préfet et le sous-préfet ont commencé à faire des tournées dans les villages pour obliger les habitants, catholiques et animistes, à devenir musulmans. Le chef qui ne trouverait pas dix nouveaux convertis à l'islam dans un laps de temps de deux semaines se verrait puni d'une amende de CFA 10.000, une fortune pour ces pauvres gens. Tout le monde était stupéfait de cette injonction et se demandait quelle en était la raison. En plus de cela, on commençait à incendier les différentes églises. Pourquoi donc ? Pour retrouver certains détails, j'ai cherché à contacter le pasteur Menguwé, qui m'écrivit ce qui suit : « *En fait, un certain Monseigneur du nom de Ndongmo aurait commandité un coup d'état contre le président de la République. Suite à cette affaire, les musulmans du nord, appartenant à la même religion que le président et avec l'aide de ce dernier, ont commencé à brûler les églises catholiques dans le grand Nord du Cameroun (Ngaoundéré, Garoua et Maroua). Mais les églises adventistes n'étaient pas attaquées parce que les Adventistes, eux, n'étaient pas impliqués dans les affaires politiques.* » Voilà une des raisons pour lesquelles aucune de nos chapelles n'est partie en fumée. Une deuxième raison pour laquelle nos églises ont été épargnées est la suivante : ce n'était pas les gens qui étaient attaqués mais spécifiquement les bâtiments d'églises. Peu de temps après le commencement des troubles, les difficultés ont commencé à se multiplier. L'une après l'autre, les églises romaines puis les églises évangéliques ont été les cibles des incendiaires sans qu'on puisse faire quoi que ce soit. On s'attendait à ce que cela commence bientôt pour nos églises. Chacun de nos pasteurs et les autres ouvriers se demandaient quand viendrait leur tour en retenant leur souffle. Quelques semaines plus tard, un de nos pasteurs est venu me voir en urgence. Il était porteur d'une bonne nouvelle. Des gens étaient venus vers notre église pour l'incendier. Mais un homme dans la foule avait soudain crié à haute voix : « Stop, ces gens ne sont pas les mêmes, ils ne se réunissent pas le même jour. Ils ne se rendent pas dans leurs églises le dimanche mais le jour précédent, le samedi. Ils n'ont rien à voir avec eux ! » Le silence est soudain revenu et l'attroupement s'est dispersé. Notre chapelle a été épargnée et nulle autre église ailleurs ne s'est trouvée menacée. Beaucoup d'autres bâtiments sont partis en fumé. Selon le pasteur Amos Menguewé, dix-sept églises catholiques auraient été brûlées ou incendiées. Je me suis rappelé une des paroles de la Bible qui dit : « Sanctifiez mes sabbats, et qu'ils soient un signe entre moi et vous, afin que vous connaissiez que je suis l'Eternel, votre Dieu. » (Ez. 20 : 20). Ce signe nous a épargné beaucoup de malheurs et de difficultés. Il arrive souvent que le sabbat constitue un obstacle. Cette fois-ci, ce fut vraiment une grande bénédiction ! Merci Seigneur !

> *Il arrive souvent que le sabbat constitue un obstacle. Cette fois-ci, ce fut vraiment une grande bénédiction ! Merci Seigneur !*

12. L'Enfant maudit

Un jour, très tôt le matin, nous trouvons un homme sur les escaliers de notre demeure. Dans ses bras, il porte un bébé de quelques mois. L'enfant semble souffrir de malnutrition. Chose étrange, il ne se trouve pas au dispensaire dans l'attente de l'ouverture, à huit heures. Non, il veut avant tout voir « Madame ». Pour chacun, dans les villages environnants, mon épouse est connue sous le nom de « Madame ». Quand elle commence à s'occuper de lui, elle apprend que la mère de cet enfant ne veut plus du bébé. Pour elle, il est « maudit », explique le mari devant nous. L'enfant mange mal, ne grossit pas et ne prend pas de poids. Le père ne sait plus que faire de son enfant. Son épouse le lui a donné en disant qu'il était maudit et qu'elle ne pouvait rien faire de lui. Elle voulait abandonner le bébé car elle considérait que le diable avait pris possession de lui. Elle avait donc abandonné l'enfant à son mari qui, bien sûr, ne savait pas comment s'en occuper. Mais il ne croyait pas sa femme et voulait à tout prix garder son garçon ! Totalement désemparé, il n'avait pas trouvé mieux que de venir à la mission pour confier l'enfant à Madame ou pour qu'au moins elle puisse l'aider à prendre soin de son fils. Il était prêt à payer pour le lait. Nous avions déjà nos deux enfants. Mon épouse n'a pourtant pas réfléchi longtemps avant de venir en aide à ce pauvre papa. Nous avons accueilli l'enfant dans notre maison où il a dormi et mangé avec les nôtres. Régulièrement, l'homme a envoyé ou lui-même apporté le lait qu'il avait promis. L'enfant a commencé à bien manger et à prendre du poids. Quelques mois plus tard, nous avons dû rentrer en métropole pour nos congés. Il a fallu rendre l'enfant à son père. Qu'il était-il heureux de voir son fils comme revenu à la vie ! Il avait aussi la preuve pour son épouse que l'enfant n'était pas maudit ! Fou de joie, quelques jours plus tard, il est venu nous offrir un veau pour exprimer sa reconnaissance. Un problème était pour nous résolu, un autre se présentait : que faire d'un veau ? Nous avons vite décidé de le donner aux villageois entourant la mission. Pour conserver la viande du veau, j'ai acheté quelques sacs de sel avec lequels nous avons enduit l'animal. Ainsi, les villageois ont pu en profiter plus longtemps.

13. Le jumeau

Pendant la saison sèche, nous avions l'habitude de dormir sur la terrasse, compte tenu de la grande chaleur presque insupportable.

La terrasse était clôturée par un mur d'environ un mètre de haut. Par-dessus se trouvait une clôture faite de ce qu'on utilise pour clôturer un poulailler, pour éviter que des animaux sauvages puissent sauter sur la terrasse. Une nuit, nous avons été réveillés par la voix d'un homme : « Madame,…Madame viens vite ! » Réveillés en sursaut, nous nous sommes informés du problème de cet homme. Il venait d'un village assez éloigné, disant que sa femme avait accouché de jumeaux mais que les femmes du village n'arrivaient pas à faire sortir le placenta après l'accouchement. Elles avaient finalement décidé d'avoir recours à l'intervention de Madame du dispensaire. L'homme s'était mis en route en pleine nuit pour chercher du secours. Mais comment faire avec les enfants et Adelheid qui n'aimait pas tellement conduire de nuit dans la brousse ? On a fait comme la fois précédente. J'ai proposé de me mettre en route pour aller chercher la femme en question et l'amener au dispensaire. Mon épouse s'occuperait des enfants et préparerait le dispensaire pour la recevoir.

C'est toujours une expérience de se déplacer dans la brousse la nuit. Heureusement, j'avais cette fois-ci un guide qui ne se perdait pas dans les champs de coton. Je ne sais plus combien de temps j'ai roulé mais nous sommes finalement arrivés au village

Le dispensaire à Dogba

où la femme attendait de l'aide. Je prévoyais de repartir immédiatement avec elle mais l'homme m'a fait attendre devant une case qui, je suppose, était la sienne. Il avait disparu je ne sais où. Je n'avais pas d'autre choix que d'attendre. Ici et là, dans une case, je voyais des ombres produites par des lampes tempête, sans savoir ce qu'il s'y passait. L'attente me semblait longue. Il ne me restait qu'à admirer le ciel. Un ciel d'Afrique tel que vous ne pouvez le voir en Europe. N'ayant rien d'autre à faire, j'admirais le panorama céleste, en pensant au chapitre 37 du livre de Job : « Considère encore les merveilles de Dieu…. Peux-tu comme Lui étendre les cieux », ainsi qu'au Ps 33 :6-13 « Les cieux ont été faits par la parole de l'Eternel… L'Eternel regarde des cieux, Il voit tous les fils de l'homme… Il observe tous les habitants de la terre… ». Je pensais qu'en ce moment où Dieu me regardait, Il voyait aussi ce qu'il se passait dans les cases environnantes ! Finalement, après une trentaine de minutes, l'homme est revenu avec la femme, accompagné par les accoucheuses du village. On l'a mise dans ma voiture. L'homme s'est excusé de m'avoir fait attendre. Il m'a expliqué qu'à son retour, il s'était aperçu que les jumeaux nés plusieurs heures auparavant n'avaient pas survécu et qu'il avait encore la douloureuse tâche de les enterrer avant de repartir avec son épouse vers le dispensaire pour résoudre le problème du placenta. Le voyage du retour s'est déroulé sans autres complications. Dès notre arrivée, son épouse a été placée sur la table d'examen du dispensaire. Tout se passait à présent dans l'obscurité, les ténèbres étant à peine dissipées par la lumière d'une lampe à pétrole que je tenais à la main. L'électricité n'existait pas dans ce pays perdu et il n'y avait pas de groupe électrogène à la mission. Le soir, il faisait noir jusqu'au lendemain au lever du soleil. Après un examen plus approfondi, au lieu que le placenta sorte, un autre bébé vit la lumière et encore un autre ensuite. Ces deux enfants n'étaient pas plus grands que ma main, et pesaient chacun aux alentours de

> *Je pensais qu'en ce moment où Dieu me regardait, Il voyait aussi ce qu'il se passait dans les cases environnantes !*

400 grammes. Sans couveuse ni autres instruments adaptés à une telle situation, la possibilité de les garder en vie était quasi nulle. Après la naissance de ces deux derniers bébés, le placenta s'est vite détaché. Mais les malheureux parents n'ont pas eu d'autre choix que de rentrer tout seuls le lendemain, après avoir enterré ces deux dernières petites créatures. Je n'ai pas beaucoup parlé après cette aventure, mais j'ai repensé à Job qui disait au début de son calvaire : « L'Eternel a donné et l'Eternel a ôté... ». Il existe des situations particulièrement douloureuses où il est difficile de trouver des mots adaptés. C'est ce que j'ai vécu ce jour-là.

14. Un jour à ne jamais oublier

La journée avait commencé comme une autre. Pourtant, celle-ci était différente : c'était l'anniversaire de notre mariage, cinq ans plus tôt. Les autres années, nous n'avions pas pris le temps d'en faire un jour spécial mais cette fois, nous avions prévu de le fêter. Gadabak, un brave et honnête garçon qui m'accompagnait dans mes tournées[1], nous aidait aussi régulièrement dans les affaires domestiques. Il était prévu que ce jeune orphelin de 16 ans s'occupe de nos enfants pendant quelques heures ce jour-là. Ce n'était pas nouveau pour lui et les enfants l'aimaient bien. Nous avions prévu d'aller à la ville de Maroua – ville est un bien grand mot pour cet endroit qui n'était pas plus grand qu'un village de chez nous – pour y faire quelques achats et aller manger dans un petit restaurant africain. Nous sommes partis sous un ciel bleu et un soleil brûlant. Je ne me rappelle plus ce que nous avons acheté ni ce que nous avons dégusté mais ce qui a suivi a marqué le restant de notre vie ! Nous avons décidé de rentrer vers 15h. Une petite heure de piste et nous serions à la maison. Mais à la sortie de Maroua, nous avons remarqué des nuages dans la direction de Dogba. Plus nous avancions sur la piste, plus les nuages noircissaient le ciel et bientôt, une pluie torrentielle a totalement obscurci notre vue. J'ai rarement vu une pluie pareille. Aujourd'hui, nous dirions probablement qu'elle était due au changement climatique. Des masses d'eau sont tombées du ciel en telle quantité que nous avons dû nous arrêter pour éviter de glisser ou d'être carrément emportés par l'eau dans des

---

[1] Voir chapitre « le prix de l'eau »

canyons formés par les chutes de pluie. Les eaux emportent tout ce qui se trouve sur leur passage. C'est étonnant comme des pluies peuvent former des canyons géants.

Ce qui peut se produire en quelques heures vous donne une petite idée de ce qui peut arriver quand l'eau tombe en grande quantité pendant quarante jours et quarante nuits, comme cela est écrit dans la Genèse, au moment du déluge. Ajoutez encore des tremblements de terre causés par des explosions volcaniques et vous voyez que le récit de Genèse 7 n'est en rien exagéré. Non, ni le Grand Canyon aux EU, ni le Brice Canyon, n'ont eu besoin de millions d'années pour se former !

La force et le travail de l´eau

Après que un court moment d'accalmie, nous avons très prudemment poursuivi notre chemin car, une fois dans une crevasse, vous avez de la peine à en sortir ou vous risquez d'être emporté par les eaux ! Nous avons commencé à nous demander comment faire pour atteindre notre maison car… Et ici, pour comprendre le reste du récit, il faut que je raconte un peu l'histoire de la mission Adventiste de Dogba.

C'est dans les années 1930 que notre frère Bergström est arrivé au Cameroun pour commencer le travail missionnaire au Nord du pays, chez les Kirdi. C'était un peuple très résistant à toute influence étrangère. Les musulmans avaient déjà essayé de les islamiser mais sans résultat. Dès le départ, les autorités ont déconseillé à Bergström de travailler chez eux, « du travail perdu » lui a-t-on dit. *« One government official said that he felt very sorry for the missionaries. "We have never succeeded in doing anything for these people," he said, "and we doubt whether you will be able to evangelize such wild men. Even though you stay here for fifty years you will never see progress among these tribes!" Fortunately, he proved mistaken." »*[2]

---

[2] Cette information, je l'ai tirée du rapport missionnaire du 21 Août 1965, écrit par Bergström.

Il faut aussi savoir que le village de Dogba a toujours été divisé en deux parties par le marigot (une sorte de wadi qui est sec la plupart de l'année mais qui se remplit très vite une fois que les pluies arrivent). D'un côté du wadi vivaient les musulmans, de l'autre notre missionnaire Bergström qui avait décidé d'implanter la

Encore la force de l'eau

mission chez les païens pour mieux les atteindre et peut-être aussi pour ne pas être « persona non grata » chez les musulmans. Seul problème : il fallait être capable de sortir en voiture pendant la saison des pluies. Le passage provisoire qui traversait le marigot était toujours emporté par les eaux en saison pluvieuse. Bergström avait alors décidé de se procurer une petite parcelle près du wadi, de l'autre côté, sur la partie musulmane pour y construire un hangar et y mettre sa voiture pendant cette période de l'année, afin de pouvoir toujours partir si nécessaire. Pour se rendre à ce car-port, après la pluie, on pouvait d'ordinaire faire la traversée à pieds.

Je retourne maintenant à mon histoire. En continuant notre chemin à travers les crevasses et les canyons, à la fois anciens et récents, nous commencions à discuter et à imaginer dans quel état nous allions trouver le marigot (wadi) à la mission après cette forte pluie. Comment pourrions-nous rejoindre la maison et les enfants ? Le passage provisoire allait sûrement être emporté… Finalement, nous sommes arrivés à Dogba. Nous avons conduit notre véhicule « tout terrain » dans le hangar et avons vu, droit devant nous, un wadi en crue spectaculaire. Impossible de traverser à pied. Nous avons examiné les possibilités. Allions-nous attendre ici pendant des heures que l'eau diminue ou, étant jeunes et bons nageurs, nous mettrions-nous à nager vers l'autre rive ? En nous voyant face à cette eau qui, dans sa force, charriait beaucoup de boue et de débris venant des montagnes environnantes, les villageois musulmans avec lesquels nous avions de très bonnes relations se sont attroupés autour de nous en nous déconseillant fortement de plonger dans les tourbillons d'eau pour essayer d'atteindre l'autre bord. Sur la rive « mission », les habitants, la plupart chrétiens, sont aussi très vite arrivés sur place pour voir ce que nous allions faire. Plusieurs nous ont crié des messages. Mais le courant était tellement bruyant qu'on ne pouvait rien comprendre de ce qu'ils voulaient dire. Il nous semblait que chacun voulait nous prévenir d'un danger que nous ne connaissions pas. Nous étions pourtant de bons nageurs à nos yeux et aucun des spectateurs ne savait nager, mais nous si ! Alors, sûrs de nous-mêmes, nous nous sommes mis à nager. Pourtant, une fois à l'eau, nous avons vite compris que nous aurions mieux fait d'écouter les bons conseils des spectateurs des deux rives. Le courant était tellement fort que nous n'allions pas bien vite et nous risquions à chaque instant d'être emportés par le courant impétueux. Et quelle force il fallait pour pouvoir nager !

Le courant était tellement fort que nous n'allions pas bien vite et nous risquions à chaque instant d'être emportés par le courant impétueux.

Bientôt, Adelheid a été emportée par le courant encore plus que moi. Dans ces eaux torrentielles, sa jupe faisait l'effet d'une voile dans laquelle le courant d'eau gagnait en énergie. Nous nous encouragions l'un l'autre mais je me suis rapidement retrouvé à bout de force. Quand je suis finalement arrivé sur la rive, des frères sont bien vite venus vers moi et m'ont hissé sur la terre ferme. J'ai vu de loin ma chère femme qui luttait toujours pour atteindre la rive comme moi mais elle a été davantage emportée par le courant. J'étais maintenant au sec et, avec la force qui me restait, j'ai couru derrière elle le long de la rivière. Je n'avais plus assez de force pour sauter à son secours dans l'eau. J'avais uniquement l'énergie de lui crier des mots d'encouragement. Finalement, après avoir lutté contre la force de l'eau, elle m'a crié : « Je n'en peux plus ! Je n'en peux plus ! ». Elle a levé la main pour me dire adieu et s'est laissée aller pour disparaître dans ces eaux tumultueuses. À ce moment-même, il est arrivé ce que personne ne pouvait croire. Il y avait, à cet endroit, un banc de sable et, au lieu d'être emportée et de disparaître dans les eaux tourbillonnantes, elle s'est retrouvée, de manière imprévisible, debout sur ce banc au milieu du marigot. Dès cet instant, sans réfléchir, nos frères africains qui avaient suivi notre nage avec étonnement et crainte, ont sauté l'un après l'autre dans l'eau, sans penser aux risques et périls pour eux-mêmes. Ils ont fait une chaîne de leurs mains pour venir en aide à la naufragée et l'amener à terre. Après cette aventure, nous sommes rentrés à la maison et avons remercié le Seigneur à genoux pour cette intervention céleste. Nous avons pu éprouver les paroles de Dieu de Es. 43 : 2 : « Si tu traverses l'eau, je serais avec toi ; et les fleuves ne te submergeront point… ».

Pour moi, ce jour est entré dans ma vie comme LE Jour où Dieu a sauvé mon épouse et me l'a donnée pour la deuxième fois. La première fois étant notre mariage. J'emploie volontairement les termes « deuxième fois » car une autre suivra encore plus tard.

Pour moi, ce jour est entré dans ma vie comme LE Jour où Dieu a sauvé mon épouse et me l'a donnée pour la deuxième fois.

15. Le vieux David

De nombreuses autres histoires vécues me reviennent en mémoire quand mon esprit retourne dans le passé. Les années passent si vite que nous risquons d'oublier, pourtant tant de choses ont peu à peu formés notre vie et notre caractère… Je pourrais encore écrire des pages concernant les années passées à Dogba. Avant de parler de nos destinations suivantes, je dois encore ajouter celle-ci.

Quelques mois avaient passé à la station. C'était la Sainte Cène, un sabbat matin à l'Eglise. Un vieillard se trouvait sur les premiers bancs, juste devant moi pendant que j'officiais pour la cène. Avant le service, on me l'avait déjà présenté comme le chef diacre de l'Eglise. Il était assis devant moi, vêtu d'une chemise un peu délabrée, d'une vieille veste, d'un short et d'une sorte de vieux mocassins, bien conscient du service sacré et de sa responsabilité pour faire passer le pain et la coupe. Je pourrais dire que s'il avait fallu choisir un saint dans l'Eglise, ç'aurait sûrement été lui ! Un autre diacre était assis à côté de lui, un frère à ma connaissance consacré et dévoué à la tâche pour laquelle il avait été choisi. Le service de prédication, le lavement des pieds et la distribution du pain s'était bien déroulés, nous en étions au service de la coupe. Comme nous n'avions pas de petits verres individuels, les diacres passaient entre les rangs avec une grande coupe dans laquelle chaque participant buvait une gorgée.

Le premier converti des KIRDI après 15 ans, « le vieux David »

15. Le vieux David

Comme d'habitude, ils sont revenus avec le reste et m'ont donné la coupe pour que je la leur en remette et qu'ils puissent ainsi boire à leur tour. Dans cette intention, j'ai remis à notre vieux diacre David une coupe encore remplie jusqu'au tiers, qu'il a reçue en me remerciant et dont il s'est mis à boire le reste. En toute gentillesse, j'ai presque dû arracher la coupe de ses mains pour encore avoir la possibilité de servir l'autre diacre et moi-même. Il faut encore mentionner qu'il ne se trouvait pas près de la table et que j'ai dû me hâter de derrière la table de service pour récupérer le reste du jus. Quand j'ai vu cette scène se dérouler sous mes yeux, j'ai dû faire un véritable effort pour ne pas éclater de rire.

Après le culte, un des frères est venu me trouver pour me raconter un peu l'histoire de David. (Nous avons eu le privilège de visiter Fr. Bergström quelques années plus tard en Suède et il nous a raconté exactement la même chose concernant le vieux David.) Quand Ruben Bergström, dans les années 1930, est venu s'installer de ce côté du marigot, comme je l'ai dit plus haut, c'était dans l'intention d'être plus près des Kirdi. La nouvelle de l'arrivée du missionnaire parmi les Kirdi a

> *Quand j'ai vu cette scène se dérouler sous mes yeux, j'ai dû faire un véritable effort pour ne pas éclater de rire.*

provoqué une grande curiosité et Bergström commençait chaque sabbat une réunion sous un manguier sur le terrain. David, chef de sa tribu, est venu voir avec ses gardes et beaucoup d'autres gens de son village pour écouter ce que le blanc avait à leur raconter. L'épouse de Bergström, qui était infirmière, s'occupait de soigner leurs malades pendant la semaine. N'est-il pas écrit quelque part que le bras droit de l'évangile est l'œuvre médicale ? C'est aussi dans ce contexte qu'a été établi le dispensaire à la station. Sabbat après sabbat, David est venu pour écouter le message de l'évangile. Ceci s'est répété pendant quinze ans, après quoi David a été le premier membre à être baptisé parmi les Kirdi. Je me demande si Ruben Bergström n'a jamais eu l'intention d'abandonner son prêche. Il semble que c'était un homme de patience, et sa patience a fini par payer. Quinze ans d'attente pour le premier baptême ! Beaucoup d'autres ont suivi depuis ce moment et Dogba est ainsi devenue une grande station missionnaire, qui comporte aujourd'hui un collège appelé « Collège Bergström » en mémoire du travail infatigable de l'homme qui avait tellement de patience et qui aimait tellement raconter l'amour de Jésus.

16. Les Sauterelles

Non loin de notre maison, il y avait une sorte d'oasis, chose exceptionnelle dans ce lieu aride. C'était comme une plaque verte dans le désert.

L'humidité du sol ne tarissait jamais. Même quand le marigot était complètement à sec, et que les villageois devaient creuser pour arriver à trouver de l'eau, elle y était garantie. Un ou deux manguiers y poussaient. Mon épouse y avait fait un petit potager qui nous procurait temps à autre des légumes frais tels que des salades, des carottes quelques tomates et des radis. Adelheid, avec notre aide de la maison, allait régulièrement voir ce qu'on pouvait y récolter. Des oignons, nous en avions en abondance autour de la maison.

de Le marigot/wadi de Dogba en saison sec

Ils étaient arrosés quotidiennement. Mais un jour, un garçon est venu à la maison en courant : « Pasteur, des sauterelles, des sauterelles ! » Je ne compris pas tout de suite ce qu'il voudrait dire. Mais en cherchant entre les souffles, il ajouta, « des sauterelles sont en train de ronger vos légumes ! » Je suis tout de suite allé voir, mais que pouvais- je faire ? Je n'avais aucun moyen de chasser les sauterelles ni de les empêcher de ronger les légumes. Quand nous sommes arrivés un peu plus tard, le mal était déjà fait. La plus grande partie du jardin ressemblait à un autre désert au milieu du désert. Les manguiers avaient encore un peu de feuillage. Tout le reste, nous avons pu l'oublier. Nous avons dû avoir un peu le sentiment qu'a dû connaître le Pharaon après la huitième plait en Ex.10. Pour éviter qu'un tel désastre se reproduise, nous avons seulement continué la culture des oignons autour de la maison, en y ajoutant de l'ail et des tomates. Ces récoltes furent toujours richement bénies et nous nous rappelions que finalement, les Israélites non plus ne manquaient jamais d'oignons et d'ail.

17. Des Projets se Réalisent

Il ne faut pas oublier que notre hôpital de Koza se situait à une centaine de kilomètres de Dogba. À l'occasion, le médecin qui était en service à l'hôpital et qui avait aussi un programme très chargé, venait rendre visite au dispensaire.

Les cas douteux et les gens qui avaient besoin d'un examen plus approfondi pour un diagnostic exact lui étaient présentés. Pendant notre séjour, c'était le Dr. Kohlia Stéveny. Pendant ce temps, un autre missionnaire est aussi arrivé à Koza : Franz Krakolinig. Nous avons toujours eu une agréable collaboration et c'est aussi la famille Krakolinig qui nous a remplacés après notre départ et a continué à développer le collège. Un petit dortoir a été financé par un donateur originaire de la Fédération Belgo-Luxembourgeoise.

un Le premier dortoir du collège Dogba

(Sur la photo, le petit dortoir et les premiers élèves). Mon frère Franz a eu le privilège de construire, après notre départ, deux bâtiments de classe avec l'aide financière de donateurs européens.

Ceci a été réalisé en 1972 et 1973. Le « collège Bergström » a finalement vu le jour grâce à Franz Krakolinig mon successeur. Pour l'inauguration officielle du Collège en 1973, Fr Bergström a été invité et est resté pendant 2 semaines sur place. Ce fut un grand moment ! (Ces dernières informations m'ont été transmises par la famille Krakolinig qui, à son tour, est définitivement rentrée en métropole en 1974).

Avant de quitter le Nord du Cameroun, je dois également rappeler que c'est pendant ces années qu'ont aussi été achetés le terrain pour l'église de Garoua et la concession de Maroua. Cette dernière parcelle a été achetée à un Libanais qui était sur le point de repartir dans son pays. Aussi mes pensées me ramènent aux débuts de l'église de N'Gaoundéré. Le peu de membres qui se trouvaient dans cette ville m'avaient demandé de les visiter. Il ne s'y trouvait pas encore d'ouvrier en poste fixe. J'y suis allé pour trouver une dizaine des gens réunis ce sabbat matin. À Garoua, nous avions un frère qui nous avait été envoyé par l'Union pour développer le travail commencé à cet endroit. Nous nous réunissions dans la maison de notre jeune évangéliste, dont j'ai oublié le nom. Je m'y rendais régulièrement pour assister les membres dans leur lutte de tous les jours. D'ailleurs, il ne faut pas oublier que c'était (et c'est encore) un pays musulman. Un Sabbat matin après le culte, un frère est venu me voir. Il avait des problèmes avec son patron pour avoir le Sabbat libre et il m'a demandé si je ne pouvais pas intervenir. Le lendemain, je suis allé trouver son chef. C'était l'occasion de donner une étude sur le Sabbat, au terme de laquelle notre frère a eu son Sabbat libre à condition de rattraper les heures de Sabbat pendant la semaine. L'Eglise adventiste s'est développée à une vitesse remarquable dans cette ville. Nous avons bientôt eu en vue une belle parcelle de terrain pour implanter notre chapelle et éventuellement d'autres bâtiments. Les plans se sont concrétisés quelques mois plus tard. Je me rappelle encore avoir passé plusieurs jours sur place avec Fr. R. Colin, trésorier de l'Union à ce moment-là, pour finaliser l'achat. Les chiffres que j'ai reçus récemment indiquent qu'il y a 5.378 membres à N'Gaoundéré et 6.118 à Garoua. Ils sont même 30.025 à Maroua et ses environs. Lorsque je regarde et compte les débuts de l'évangélisation dans ces villes et leurs régions, je ne peux qu'être émerveillé et rendre gloire à Dieu ; je peux

Les premiers élèves devant le dortoir

ainsi dire avec Paul : « J'ai (nous avons) planté, Apollos a arrosé, mais Dieu a fait croître, » (1 Cor. 3 : 6). J'ignore qui avait acheté le terrain à N'Gaoundéré ou qui en avait donné le mandat. Ceci a dû avoir lieu après mon départ. La distance entre ces trois villes n'était pas négligeable et comptait environ 500 kilomètres.

18. Et Après

Après ces années bénies et tumultueuses vécues dans le Nord du pays, la fin de notre séjour à Dogba approchait. J'avais demandé à L'Union et à la Division de rentrer en métropole pour continuer mes études. Dans ce but, j'avais choisi l'université de Londres où je pouvais suivre des cours par correspondance. Pendant ce temps, j'ai été affecté à la Fédération Belgo-Luxembourgeoise pour continuer l'œuvre d'évangélisation dans le Grand-Duché du Luxembourg. Si on se base sur des reçus de dîmes retrouvés aux archives du séminaire de Friedensau de l'Union allemande, l'œuvre adventiste dans ce pays remonte aux années 1907. Toutes les traces se perdent après cette date. Les documents suivants remontent aux années 1930. Pendant ce temps, un certain frère Klamm y est venu pour se réunir avec quelques membres. En 1968, le territoire du Luxembourg est confié à la Fédération belge. Et au même moment, Fr. Fernand Lecompte commence à y suivre les adresses recueillies à la suite de conférences tenues par Fr. Lanarès à Luxembourg-ville. J'ai reçu quelques adresses de ces deux frères pour me lancer.

Concernant mes études, j'ai bientôt rencontré, aux bureaux de la Fédération, des difficultés que je peux décrire comme un manque d'organisation ou d'information entre la Fédération et la Division. Quand la Division m'envoyait un chèque pour participer à l'achat de livres d'études dont j'avais besoin, notre Fédération n'était pas du tout du même avis. Je devais travailler dans l'évangélisation et rien d'autre, sinon je pouvais aller chercher mon salaire en Suisse. Conséquence : les études avançaient très lentement. Le nombre de fois où j'allais à Londres était réduit au strict minimum. Le travail d'évangélisation n'avançait pas sans peine. Je faisais essentiellement du porte-à-porte. C'était un travail pénible qui ne produisait pas toujours le résultat escompté. Dans un pays qui était connu comme étant plus catholique que le pape, j'ai été chassé à de multiples reprises, un peu comme si j'avais été un mendiant. On m'a même une fois envoyé un chien aux trousses. Mais à l'occasion, les gens ont témoigné un certain intérêt pour la Parole de Dieu et m'ont même fait entrer chez eux. Ainsi, une dame très intéressée m'a permis de revenir pour des études régulières jusqu'au moment où… Un matin, quelqu'un a sonné à la porte. En ouvrant, je me suis retrouvé face à un monsieur assez corpulent. « Êtes-vous Monsieur Cools ? » m'a-t-il demandé d'un ton un peu agressif. Suite à ma réponse affirmative, il a continué d'une voix assez forte : « Laissez ma femme tranquille ! Je ne veux plus que vous passiez à la maison pour l'étude de votre Bible et de toute façon, c'est la même chose. Merci ! ». Il m'a tourné le dos et il est parti. Jusqu'à ce jour, je n'ai jamais pu savoir comment il avait pu trouver notre adresse. Je ne la donnais jamais et elle ne figurait pas dans l'annuaire car il n'y avait pas de ligne téléphonique disponible dans le village où nous habitions. En cas d'urgence, il fallait s'arranger avec les voisins. Il faut préciser que nous habitions dans un village distant d'une quarantaine kilomètres de la capitale Luxembourg-ville. Il n'était pas facile de s'y rendre en transport public, les bus étant rares en ce temps-là.

Pendant ces années j'ai reçu la visite de quelques collègues qui sont venus m'aider dans le travail de porte-à-porte. Ils venaient pour m'encourager et je leur suis aujourd'hui encore très reconnaissant pour leur soutien !

Au moment où nous sommes arrivés, l'Eglise était composée d'une dizaine de membres un peu éparpillés dans tout le pays. Chacun d'eux avait sa propre histoire et était devenu adventiste d'une manière particulière. Très brièvement, mis à part les conférences des deux frères mentionnés plus haut, le groupe avait débuté pour la troisième fois avec un Adventiste allemand qui s'était installé au Luxembourg après la guerre 39-45 et qui avait commencé à parler à n'importe quelle personne voulant connaître quelque chose de notre message. Les quelques membres qui formaient notre groupe m'ont toujours fidèlement soutenu de toutes les manières. Certains parmi eux étaient même disposés à m'accompagner dans le travail de porte-à-porte.

Environ un an et demi plus tard, nous avons reçu une lettre de Fr E. Ludescher, président de l'Union à Yaoundé, nous demandant si nous serions éventuellement disposés à retourner au Cameroun. Un autre frère (dont j'ai oublié le nom) travaillant dans l'Ouest du Cameroun, plus précisément à « Buea », était sur le point de partir et n'avait pas l'intention de revenir. Il fallait à nouveau trouver un évangéliste et une infirmière. Nous n'avions pas été oubliés par l'Union d'origine. Bientôt, Fr Ludescher, qui était en congé, est venu nous rendre visite pour nous parler. Je me rappelle que sa première remarque a été : « Ihr lebt da wo Hase und Fux sich begegnen » soit : « Vous vivez dans un coin tellement isolé que le renard et le lapin peuvent s'y rencontrer facilement sans être dérangés. » La raison de cet isolement était le prix modéré du loyer, beaucoup plus cher ailleurs et la Fédération n'était pas disposée à payer davantage. Après notre rencontre, mon épouse et moi avons été un peu soulagés de quitter ce pays peu ouvert à l'évangile.

Chacun des quelques membres avait aussi connu son calvaire. Pour donner une idée de la situation religieuse à cette époque, voici l'une de leurs histoires. Le frère en question (je retiens son nom par discrétion) était invalide et recevait une petite rente d'invalidité. Au moment où il ne s'est plus montré à l'église Romaine ni pour la messe du dimanche ni pour la confession, le prêtre est venu visiter son paroissien pour connaître la raison de son absence. Ils ont bientôt commencé une discussion au sujet du jour de repos. Le prêtre, ne sachant que répondre, a accusé notre frère de s'être joint à une secte. « Vous êtes une secte », à quoi notre frère a très calmement répliqué : « Ah ! Vous dites que nous sommes une secte, mais moi, je vous montre qui vous êtes » et ouvrant sa Bible dans Matth.23 : 9, notre frère a lu : « …n'appelez personne sur la terre votre père, car un seul est votre Père, celui qui est dans les cieux. » à quoi il a tranquillement ajouté : « vous voyez, nous ne pouvons appeler personne père et vous,

vous avez même un Saint père ». Le prêtre a été furieux et ne sachant à nouveau que répondre à cette mise au point, il a demandé si notre frère était bien invalide et recevait bien chaque mois sa pension d'invalidité de la caisse de pension de l'Etat, ce à quoi ce dernier lui a rétorqué : « Mais en quoi cela vous regarde ? » Le vicaire s'est levé et a quitté la maison, laissant notre frère s'interroger sur cette dernière question du curé. Il allait bien vite comprendre. À la fin du mois, sa pension d'invalidité n'est pas arrivée et ceci a duré pendant plusieurs années. Le curé a voulu lui montrer qui était le plus fort. Notre frère a dû aller en justice pendant des années pour que son invalidité soit à nouveau reconnue. À cette époque, c'était : « L'Etat est l'Eglise et l'Eglise est l'Etat ». Ces temps sont heureusement révolus mais d'autres problèmes subsistent.

Je dois pourtant dire que, pendant notre travail dans ce pays peu ouvert à l'évangile et avant notre nouveau départ pour le Cameroun, Dieu a béni cette petite communauté par quelques baptêmes, soit par l'œuvre de porte-à-porte, soit par quelques enfants de membres de l'Eglise. Deux ans plus tard, nous sommes à nouveau partis pour quelques années au Cameroun, affectés cette fois à Buéa. Un autre chapitre commence.

19. Sous le « Mont Cameroun »

Vous allez vite comprendre le titre de ce chapitre. C'est Fr. K. Scheidegger qui nous a accueillis à l'aéroport de Douala. Après avoir passé la nuit chez lui, il nous a un peu fait visiter Douala, après quoi nous sommes partis pour Buea, éloigné de quelque soixante-dix kilomètres de Douala. La ville se trouve à une altitude d'environ 1000 mètres et est la capitale de la région du Sud-Ouest avec pour langue principale l'anglais, mais aussi le dialecte « pidgin ». L'église Adventiste s'y était installée depuis seulement quelques années.

Mont Cameroun

On avait commencé par créer un dispensaire connu sous le nom de « Seventh Day » et séparé de l'hôpital local qui manquait la plupart du temps du nécessaire. Les bons soins et les médicaments de « Seventh Day » étaient connus loin dans les environs. Le dispensaire a ainsi reçu de nombreuses visites. Buea est une ville qui se trouve au pied du « Mont Cameroun » comme je l'ai dit, à une altitude de 1000 mètre qui bénéficie ainsi d'un climat non tropical. La vie y est agréable mais le soir, il fait frais. Le Mont se trouve presque toujours dans les nuages mais les jours où il est visible, on a une vue magnifique. Notre maison était sur la colline à quelques kilomètres du dispensaire. Mon épouse a commencé sans tarder à donner des soins et moi je suis parti découvrir les lieux où se trouvent les différents églises et groupes. J'étais maintenant souvent accompagné par le frère Godefroy Mubélé. Je ne peux pas manquer de mentionner son nom. C'était un homme qui avait l'évangélisation dans le cœur et sans lui, je n'aurais pas su comment procéder. Il savait facilement trouver les églises ou les groupes les plus éloignés et qui me paraissaient introuvables. Il ne faut pas oublier que les GSM et GPS n'existaient pas encore dans ce temps-là. Ce n'était pas non plus facile de bien comprendre les gens au début. Le pidgin n'est pas un anglais courant mais c'est un anglais déformé qui s'est développé durant la période coloniale. Il faut savoir qu'une phrase négative est toujours positive. Prenons un exemple. Quand nous disons « I come », l'homme sur place va dire : « I don't come » ou pour « I go », il dira « I don't go ». Je dois dire qu'au début, j'avais des difficultés à m'y mettre. Nos enfants ont reçu l'enseignement à la maison, par un gentil maître mis à notre disposition par l'Union.

Je devais de temps à autre me rendre à Victoria, ville portuaire qui s'appelle aujourd'hui « Limba ». Nous avions un ouvrier évangéliste sur place, qui travaillait durement pour fonder une église dans ce lieu. « Udo » était du Nigéria, un jeune garçon dévoué à son travail. Nous avions décidé de mener une campagne d'évangélisation. Dans ce but, les autorités communales avaient mis une salle communale à notre disposition. Des invitations et de grandes affiches ont été imprimées par notre imprimerie de Yaoundé, matériel que nous avons distribué avec l'aide des quelques membres sur place. Le résultat a dépassé toutes nos attentes. Les gens sont arrivés en masse et la salle communale a bientôt été trop petite pour contenir tout le monde. Les chaises ont manqué et même les places debout ont toutes été occupées. L'assistance était chaque soir identique. Au bout de deux semaines de campagne, le vendredi soir, nous avons invité les gens à venir le sabbat matin pour visiter notre petite église qui n'était rien autre qu'une grande chambre dans la maison d'Udo. Nos prières ont été entendues. Une dizaine de personnes se sont présentées. À la fin du culte, un monsieur s'est levé et a demandé s'il pouvait poser une question. « Messieurs, vous nous avez parlé d'un tas de choses qui nous semblent vraies, c'est pourquoi nous sommes ici, seulement vous nous avez créé un problème. Comment devons-nous faire maintenant ? Nous devons travailler le samedi et grâce à vos exposés, nous savons à présent que c'est le jour du Seigneur Jésus et que nous devrions l'observer plutôt que le dimanche. Que devons-nous faire ? ». Je savais que c'était un homme qui travaillait dans un ministère de l'Etat. Udo et moi, nous avons été pris par surprise. Après un instant de silence, je lui ai répondu : Oui monsieur, je suis conscient que nous vous avons créé un problème mais je ne peux pas non plus retenir la parole de Dieu. Je ne peux malheureusement pas vous aider davantage et c'est maintenant à vous d'agir en vous confiant dans la parole de Celui qui nous a sauvés. À notre grand étonnement, il a assisté les sabbats suivants aux services de l'église en étant content d'avoir trouvé une vérité à laquelle il n'avait jamais osé penser. Il nous a bientôt confié qu'il avait demandé son sabbat à son patron et que celui-ci le lui avait accordé sans trop de difficultés. Udo a continué d'enseigner notre ami, qui a ensuite été baptisé dans la mer. Peu après, le frère a été affecté à Bamenda, et nous à Douala pour remplacer les Scheidegger. Je n'ai malheureusement pas pu suivre le parcours de notre frère Makkias ce qui, je pense, était son nom. Mais quelques années plus tard, j'ai appris qu'il était resté bon membre d'église, travaillant toujours à l'administration communale de Bamenda et libre de respecter le sabbat.

> *Je ne peux malheureusement pas vous aider davantage et c'est maintenant à vous d'agir en vous confiant dans la parole de Celui qui nous a sauvés.*

Le temps passé dans l'Ouest a été lui aussi riche d'expériences. Un jour, Udo m'a confié qu'il avait préparé une personne intéressée au baptême.[3] C'est toujours une joie et une grâce de voir des gens se donner au Seigneur. Un sabbat a été mis à part pour qu'après le culte, nous partions pour la mer où aurait lieu le baptême.

Comme d'habitude cela a été une belle journée, à ceci près que la mer était tumultueuse. Une fois dans l'eau, les vagues qui montaient

---

[3] Je ne sais plus si c'était à la suite des conférences mais ceci n'a pas d'importance ici.

et descendaient m'ont soulevé avec une telle force que ni le candidat ni moi n'avions régulièrement pied. Il a fallu attendre le bon moment entre deux vagues. Celles-ci venaient si vite que je ne pouvais immerger le candidat. Après la formule de baptême et à un moment favorable, le candidat a été immergé, mais une vague nous a alors propulsé vers le haut et aucun de nous deux n'avait encore pied et nous avons été emportés plus loin en mer par la force de l'eau. Quand l'eau s'est retirée, un nouveau creux s'est heureusement formé et

L'église à Buea

nous avons repris pied. Nous sommes vite sortis de la mer avant qu'une autre vague nous emporte encore plus loin. L'assemblée réunie sur la plage a chanté de tout cœur, je suppose pour remercier que deux candidats aient été baptisés ! le deuxième n'était pas prévu, évidemment c'était moi ! Après un évènement pareil, nous avons dû rire un peu. Ça a été un baptême pas comme les autres !

Un autre évènement a marqué mon ministère pendant l'année 1974. C'est arrivé pendant une campagne d'évangélisation à Kumba. Kumba est une ville distante de soixante-dix kilomètres de Buea, très commerçante. L'huile de palme et le cacao sont les points forts de son commerce. Dans ce temps-là, elle devait compter environ 80.000 habitants. Un grand marché faisait partie de la vie quotidienne. Nous avions décidés d'y mener une campagne d'évangélisation. Dans la ville-même, nous avions, comme église, un petit bâtiment bien situé sur un axe principal traversant la ville. L'imprimerie à Yaoundé nous avait à nouveau livré les invitations et les affiches sur lesquelles était inscrit : *« Come and listen to God and palaber » (le pidgin pour « viens écouter la parole de Dieu »).* Une campagne d'une semaine était prévue, chaque conférence étant traduite chaque soir en pidgin. Il n'y a pas eu d'affluence comme à Victoria, mais des gens venaient pourtant écouter. Nous avons bien vite remarqué que, chaque soir, un monsieur écoutait avec un intérêt intense et toujours assis à la même place, au premier rang. Le soir où j'ai parlé au sujet du sabbat, il est venu nous voir après la réunion. « Merci pour ce message. J'ai trouvé ce que cherche ! » nous a-t-il dit. Et il nous a raconté une part de son histoire. En tant que commerçant, il avait une grande boutique sur le marché. En lisant sa Bible, il était parvenu à la conclusion que le dimanche n'est pas le jour établi par Dieu mais que le sabbat ou samedi devait l'être. Par la suite, il avait décidé de fermer sa boutique le samedi et tenait un culte avec sa famille dans sa maison, dans l'attente de découvrir une église qui observe le sabbat. Ce n'était pas le seul sujet qui l'intéressait mais aussi le retour de Jésus, la mort comme sommeil et d'autres choses encore qu'il avait découvertes dans sa Bible ! Qui dit qu'il n'y plus d'intérêt parmi les gens du monde qui cherchent honnêtement Dieu ? Peu de temps après, il était baptisé.

> *L'assemblée réunie sur la plage a chanté de tout cœur, je suppose pour remercier que deux candidats aient été baptisés ! le deuxième n'était pas prévu, évidemment c'était moi !*

Buea, c'était le lieu des campagnes d'évangélisation. Une des dernières a été menée à Tiko. Je pense que c'était en 1973. Comme toutes les autres, la ville de Tiko des années soixante-dix n'était pas ce qu'elle est aujourd'hui. De même pour Buea, Kumba ou Douala. Le temps ne s'est pas arrêté. Aujourd'hui, on compte environ 130.000 habitants, en 1973 il y en avait peut-être 70.000 ou 100.000. Je ne souviens plus précisément, mais je me rappelle encore de la campagne pour y porter l'évangile. La commune nous avait à nouveau prêté une salle. Les invitations et affiches venaient toujours de notre imprimerie de Yaoundé. La salle était pleine à craquer.

Au bout d'une ou deux semaines[4], notre évangéliste sur place avait récolté beaucoup d'adresses pour donner des études et visiter des gens. La raison pour laquelle je me rappelle bien de cette campagne est que

---

[4] J'en ai perdu le souvenir.

quelques semaines plus tard, un incendie a ravagé une grande partie de la ville. On ne trouve malheureusement rien à ce sujet dans les archives de 1973 de la ville de Tiko. Les archives n'existaient pas encore dans ces années et il me semble que cet incendie catastrophique a été oublié. On se souvient aujourd'hui uniquement de l'incendie du marché qui a eu lieu en 2010. Moi, je parle de 1973. La situation était si grave à ce moment-là que j'ai plaidé auprès de l'Union et la Division pour qu'on envoie une aide exceptionnelle pour la reconstruction de Tiko. Cette demande a été entendue et la Division à Berne nous a envoyé un chèque, d'un montant de CFA 400.000 si je me rappelle bien, ce qui était une belle somme à cette époque. Mon frère

Le dispensaire actuel à Buea

Mubélé et moi avons eu la joie et le privilège d'aller donner ce chèque aux autorités de la ville qui étaient enchantées de cette aide inattendue. Il y a encore beaucoup d'autres choses que je pourrais raconter de ces années passées dans l'Ouest du Cameroun.

Mais en 1975, nous avons été appelés à Douala pour remplacer les Scheidegger qui étaient parvenus à la fin de leur mandature, pour être affectés à Batouri, 600 kilomètres plus à l'est. Fr. et Sr. Giger, qui avaient déjà servi quelques années à Zima en RCA, sont venus nous remplacer à Buea. Il convient ici de préciser que depuis les modestes débuts à Buea avec le dispensaire, un hôpital moderne, appelé aussi centre de santé, de 33 lits a pu être ajouté. Sur la photo de droite, vous voyez l'actuelle installation ; à gauche celle de l'époque sur laquelle on voit encore le dispensaire original datant des années 1970. La clôture n'existait pas encore. C'est aussi pendant ces années qu'a été construite l'église de Buea, qui avait besoin d'un lieu de rencontre digne pour le nombre croissant de membres.

20. Douala

La mission de Douala se trouvait en pleine ville, dans le quartier Bali où, à ma connaissance, elle se trouve encore aujourd'hui. Nos enfants avaient besoin d'une école, cela a été une des raisons supplémentaires de notre déménagement. Ils sont alors allés à l'école française « Dominique Savio ».

Mon territoire s'est aussi étendu, compris entre les limites s'étendant de Kribi dans le sud, jusqu'à Dschang et Bafoussam, Foumban dans l'ouest francophone en ajoutant encore tout l'ouest anglophone, Buea, Kumba, Bamenda, sans oublier l'assistance à la grande église de Douala avec tous ses soucis. Je disposais heureusement de l'aide de Mario Giger dans le territoire anglophone. Nous étions souvent en route ensemble et nous nous encouragions mutuellement face aux défis de tous les jours.

La route entre Edea et Kribi

Le lieu que je devais le plus souvent visiter était Kribi parce que nous y avions un collège, (simplement nommé « le collège de Kribi »). C'était chaque fois un voyage très fatigant sur une route qui était goudronnée uniquement entre Douala et Edea mais qui n'était pas facilement praticable à cause de grands nids de poule. Il fallait être extrêmement prudent. De plus, le goudron avait souvent été complètement enlevé sur de grands tronçons. Dès qu'on avait dépassé Edea, le soit-disant goudron étant fini, il nous restait encore près de 125 kilomètres jusqu'à Kribi. Cette partie du chemin, qui était une artère principale, était plutôt une simple piste de brousse. Les camions et taxis de brousse (toujours surchargés) transformaient souvent la route en un grand bourbier. De toute façon, dès qu'on avait quitté Douala, parcourir les 200 kilomètres jusqu'à Kribi a toujours été une aventure ! J'ai appris depuis que la situation routière s'est énormément améliorée.

Voici trois événements vécus sur ce trajet que je ne peux pas oublier. Un beau jour, en pleine saison des pluies, Scheidegger m'avait proposé d'aller par la route à Edea pour visiter et m'introduire dans certaines stations. Même pendant les pluies, la route vers Edea était praticable sans trop de problèmes. Pourtant, après avoir parcouru une soixantaine de kilomètres environ, nous sommes tombés sur un énorme bourbier, un de ces endroits où le goudron avait été complètement emporté au fil des ans. Des deux côtés de la route, des taxis, camions, et autant de voitures privées étaient bloqués par des camions et autres véhicules qui bloquaient tout le passage. Des deux côtés, sur des rives prolongeant la route, une multitude de villageois discutaient sans bouger. À l'occasion, ils se déplaçaient pour aider à faire sortir quelqu'un en poussant de toutes leurs forces. Nous avons bien vite compris que le passage était possible pour qui était disposé à sortir quelques billets. Celui qui n'avait pas les moyens ou ne voulait pas vider ses poches restait bien bloqué. Nous avons fait partie de ceux qui ont fouillé leurs poches. Pour les pasteurs, le prix était moins cher car ils prient pour eux ! Deux jours plus tard, nous avons appris qu'après l'arrivée des autorités, le fameux bourbier avait dû être comblé par les villageois qui l'avaient creusé pour se créer une petite source de revenus. Il fallait y penser !

Le deuxième événement dont je me souviens est le suivant. Je devais me rendre à Kribi pour je ne sais plus exactement quelle raison. À part le collège, nous y avions aussi une école primaire avec une centaine d'élèves et un assez grand nombre de membres avec une église en dur qui était en construction à ce moment-là. Mais la raison de ma visite n'a pas d'intérêt ici. Il faut mentionner que c'était en pleine saison des pluies et que je ne voulais pas prendre de risque avec ma voiture personnelle. Voilà la raison pour laquelle j'avais choisi de m'y rendre en taxi de brousse où on était serrés comme dans une boite de sardines. Pendant le voyage, les passagers avaient déjà dû descendre plusieurs fois pour alléger le combi et pousser pour passer les énormes bourbiers qui s'étaient formés. Nous avons fini par arriver à Kribi. J'y ai séjourné pendant plusieurs jours dans une sorte de chambre d'hôtel qui n'était pas quatre étoiles mais plutôt « moins quatre étoiles ». Mais cela n'a pas beaucoup d'importance. Après avoir fait ce pour quoi j'étais venu, il a fallu trouver un moyen de retourner à la maison. Les taxis de brousse étaient rares car le trajet était risqué. J'ai commencé à chercher tôt le matin et la chance a été avec moi. J'ai trouvé une occasion. Le départ était prévu le soir. Le voyage aurait lieu pendant la nuit. J'ai trouvé cela un peu bizarre car on voit pourtant mieux à la lumière du jour. Mais l'essentiel était que j'avais trouvé un véhicule pour rentrer. J'ai voulu payer tout de suite pour être sûr d'avoir ma place le soir. « Non, non, ton nom est sur ma liste et tu seras assis à l'avant. » Être assis à l'avant est déjà un avantage, non pas en cas d'accident, mais c'est sûrement un peu plus confortable que d'être pressé comme des sardines sur les bancs à l'arrière. Le soir venu, vers 19 heures, tous les voyageurs étaient présents pour entreprendre l'expédition vers Douala. Les passages difficiles étant bien connus, nous avancions lentement. Il n'y avait que la brousse à gauche et à droite. À l'occasion, une case où on voyait la faible lumière d'une lampe tempête. Au milieu du trajet entre Kribi et Edéa, brusquement, en pleine nature, le chauffeur s'arrête. Nous sommes tous invités à sortir du taxi car c'est maintenant qu'on va passer à la caisse. On nous réclame des

> *Nous sommes tous invités à sortir du taxi car c'est maintenant qu'on va passer à la caisse. On nous réclame des sommes exorbitantes. Tout le monde a bien compris le jeu du « driver ». Celui qui ne paye pas peut passer la nuit dans la jungle.*

sommes exorbitantes. Tout le monde a bien compris le jeu du « driver ». Celui qui ne paye pas peut passer la nuit dans la jungle.

Bien sûr, des mots de toutes sortes fusent, des injures mais qu'importe les objections ou les injures, celui qui ne paye pas reste. Une heure plus tard, les affaires conclues, on est repartis. Finalement, après des heures qui nous ont semblé interminables, nous sommes arrivés à la porte de la ville de Douala. On n'y entre jamais la nuit sans avoir passé les barrages de police et notre chauffeur risquait fort une amende pour surcharge de passagers. La solution : 1 kilomètre avant que nous arrivions au poste de contrôle, la moitié des passagers ont dû descendre pour passer les contrôles de police à pieds après que le taxi soit passé. Un kilomètre après le poste de contrôle, le chauffeur a attendu à nouveau tous les passagers pour poursuivre le trajet à travers la ville jusqu'à la gare routière. Il était trois heures du matin lorsque je suis arrivé à la maison. J'ai pensé au Psaume 121 : 8 « L'Eternel gardera ton départ et ton arrivée.... » Dieu soit loué !

Le troisième voyage vers Kribi à ne pas oublier est celui qui suit. J'y allais souvent pour différentes raisons. Cette fois-là, en pleine saison sèche, nous avions décidé que j'emmènerai les enfants. Je saisi l'occasion de passer une ou deux journées avec eux à la magnifique plage de Kribi. J'avais bien inclus ces jours de détente avec eux dans mon programme. Une sorte de congé avec les enfants. De deux voyages, on en fait un. Déjà des jours à l'avance, Heidi et Ben étaient enchantés de faire une tournée avec « papa », surtout à la plage de Kribi.

La plage de Kribi

Mon épouse ne pouvait pas se joindre à nous car depuis notre déménagement à Douala, elle avait trouvé un emploi à la clinique du Dr Ekanda, cardiologue, non loin de notre maison. Ce que je dois mentionner ici est que chaque fois que j'allais en brousse, j'avais la voiture chargée de matériel. La route entre Douala et Edéa était, comme je l'ai déjà écrit plus haut, pleine de nids de poule. Pour les éviter, il faut presque rouler en zigzags mais le faire à pleine vitesse est quasiment impossible. On a donc roulé à vitesse réduite. À un moment donné, un pneu a crevé. Un arrêt pour le changer s'est imposé. Une fois à nouveau en route, j'ai roulé avec l'espoir d'arriver sans problème à Edéa pour y faire réparer le pneu crevé car aucun lieu de réparation n'existait avant d'y arriver.

Edéa est une ville industrielle connue pour sa production d'aluminium. C'est là que je pouvais trouver un garage ou une station-service. « La ville est un des rares points de passage permettant le franchissement de la Sanaga entre Douala et Yaoundé ». Le vieux pont en fer comportait une voix unique sur laquelle passaient véhicules, train et piétons. Je ne sais pas si la situation est encore la même. Qu'importe !

Ce que je craignais est arrivé à une cinquantaine de kilomètres de la ville. Un deuxième pneu qui lâche et la pire chose qui pouvait se produire : au moment où je m'arrête à cause de cette deuxième crevaison, un troisième pneu, l'avant gauche, crève à son tour. On possède un pneu de secours mais pas trois ! Nous voici maintenant dans une situation bien pénible ! Une voiture pleine de marchandises, deux petits enfants (huit et six ans), une chaleur étouffante et trois pneus crevés. D'habitude, j'ai du matériel pour réparer. Mais je vous assure, réparer deux ou trois chambres à air n'est pas une mince affaire ! Nous allions très probablement passer le reste de la journée sur place. Voyant notre situation désespérée (et les deux petits semblaient bien s'en rendre compte), nous avons appelé le secours d'en-haut. Nous avons prié pour que Jésus nous envoie de l'aide. La route était peu fréquentée pour un axe principal. Quelques taxis de brousse y passaient mais ils le faisaient à toute vitesse car pour eux, chaque minute perdue représente moins d'argent gagné en fin de journée. À part ces véhicules déjà surchargés et pressés par le temps, il y avait effectivement peu de trafic mais notre attente n'a pas été vaine. Un véhicule s'est arrêté et un gentil monsieur nous a proposé de nous amener à Edéa. C'était déjà ça, mais il me restait un problème et une énorme responsabilité. Pouvais-je laisser ma voiture, pleine de marchandises pour le collège et les ouvriers, pendant je ne sais combien de temps sans surveillance ? Qu'allais-je retrouver ensuite ? Ce ne serait pas la première fois qu'une voiture non surveillée serait vidée ou même qu'un véhicule tout entier disparaîtrait dans la brousse, pour être revendu en pièces détachées sur un marché ici ou là. J'avais déjà parlé aux enfants de la possibilité qu'ils devraient jouer les surveillants pendant une éventuelle absence de Papa. Nous avions prié et Jésus allait sûrement être à leurs côtés. Le moment décisif était maintenant arrivé. J'étais confiant que le Seigneur garderait mes enfants et la voiture. Encore un gros bisou à chacun, accompagné des dernières instructions de ne pas s'éloigner de la voiture de Papa et je suis parti avec le gentil monsieur. Je me suis éloigné le cœur gros en priant silencieusement pour que Dieu garde mes enfants. Nous sommes arrivés une heure plus tard à Edéa. En cours de route, je me suis fait du souci, en me demandant comment je pourrais retourner avec deux pneus sur le lieu de la panne et comment j'allais retrouver les enfants. Il a semblé un peu plus tard que ces soucis soient injustifiés car l'homme qui m'avait embarqué en cours de route a vite trouvé une station-service et m'a dit, tout rassurant : « Et comment allez-vous y retourner ? Ne vous en faites pas, j'attends ici avec vous pour vous ramener ». À ce moment-là, c'est comme une grande pierre qui est tombée de mon cœur. Une heure plus tard, une fois les crevaisons réparées, nous sommes repartis. Comment vont mes deux petits ? Nous arrivons et les voici, fiers de leur travail de surveillance. Quelques voitures s'étaient arrêtées, demandant aux enfants ce qu'ils faisaient là, tous seuls. « Notre papa, le pasteur, est parti faire réparer les pneus de la voiture » a été leur réponse. Avec les passants piétons, la discussion a été un peu plus longue et ils ont pu rendre témoignage de leur foi, que Jésus veille avec eux sur la voiture de Papa !

La personne qui m'avait pris et ramené est alors rentrée à Edéa. J'ai vite remonté les pneus, après quoi nous avons poursuivi notre voyage vers Edéa et Kribi, sans autre incident. Nous ne pouvions nous arrêter de remercier le Seigneur. Je pensais et je pense encore au Ps. 18 : 31, 32 qui dit :

« *Avec mon Dieu, je franchis un mur. Les voies de Dieu sont parfaites. La parole de l'Eternel est éprouvée ; Il est un bouclier pour tous ceux qui se confient en Lui !* ». Merci Seigneur, vraiment Tu es Grand !

21. Oubenicam

C'était à l'époque où Mario Giger m'avait remplacé à Buea. Une demande était entre temps arrivée d'un groupe éloigné de membres d'un certain endroit connu sous le nom de « Oubenicam ». Ce lieu porte un autre nom aujourd'hui et s'appelle maintenant quelque chose comme « Kumbo et Demari ». L'église sur place demandait le service de la sainte cène. Le lieu portait le nom que j'ai indiqué. Je ne me rappelle plus si c'était un îlot ou une presqu'île devant la côte de l'Ouest Cameroun ou le nom d'un village sur une ile. En tous cas, le seul moyen de s'y rendre était par bateau. Un vendredi matin, on se mettait en route. Il fallait passer la ville de Kumba et de là, on faisait route vers une mangrove où, pendant la marée haute, une assez grande chaloupe pouvait accoster. Le bateau était déjà présent à notre arrivée et un attroupement attendait patiemment pour embarquer. Mais avant l'embarquement des passagers, la cale devait encore être remplie de marchandises pour la population locale d'Oubenicam. J'étais surpris de voir la quantité de bière qui faisait partie de la cargaison. Nous devions laisser notre voiture sur place, avec l'espoir de la retrouver le dimanche soir. Finalement, quand tout a été rangé et les passagers à leur place, est venu le moment du départ avec un bateau surchargé, espérant que nous arriverions à bon port, ce qui a été le cas après plusieurs heures premièrement à travers la mangrove pour finalement aller en plein mer, une mer assez agitée. À notre arrivée, nous avons été cordialement reçus par nos frères et sœurs qui nous ont conduits à travers les étroites ruelles du village vers notre demeure provisoire pendant notre séjour. Nous y avions plusieurs réunions avec les membres ainsi que de nombreuses visites individuelles chez les gens qui étaient plutôt des animistes. Partout, nous étions chaleureusement reçus. Le seul problème que nous avons vécu survint au cours de la dernière nuit. Cette nuit-là, la pluie tombait en abondance et le toit de la case où nous étions logés, était rongé par les termites à tel point que rien ne restait sec à l'intérieur. Ainsi, nos lits et tout notre équipement ont été trempés et nous n'avons pas fermé l'œil de toute la nuit. C'était heureusement la dernière nuit. Le lendemain matin, nous avons encore tenu une réunion d'adieu pendant laquelle nous avons imploré la grâce de Dieu sur son œuvre dans cet endroit si coupé du reste du monde. Après ces jours bénis sur place, nous avons fait la route du retour dans le même bateau avec lequel nous étions arrivés. Nous avons retrouvé notre voiture en place et avons eu toute raison de remercier le Seigneur non seulement d'avoir gardé notre véhicule mais de nous avoir protégés et bénis pendant ce voyage un peu hors du commun pour nous. Nous avons été bien contents de retrouver nos familles respectives et manger un peu autre chose que du poisson, nourriture principale d'Oubenicam. Je rappelle ici le Psaume 133 : 1 : « Qu'il est agréable, qu'il est doux pour des frères de demeurer ensemble ! »

22. Bloqué sur la piste

La voie entre Douala, Nkongsamba, et Bafoussam était une route goudronnée et régulièrement entretenue, ce qui faisait qu'il n'y avait pas trop de nids de poule. Mais une fois que l'on quittait cette route pour se rendre dans un village un peu éloigné de la route principale, c'était souvent l'enfer. Ainsi, j'ai un jour dû me rendre dans un de ces villages pour y passer le week-end avec une ou plusieurs églises de brousse, je ne me rappelle plus exactement. J'ai aussi oublié le nom du village ou je devais aboutir. Notre Fr. Makong André, qui m'accompagnait souvent dans ces endroits éloignés de mon territoire, était déjà parti plusieurs jours à l'avance pour préparer l'assemblée et je connaissais l'endroit. C'était en saison des pluies mais vu qu'une grande partie du trajet était goudronnée, je ne me suis pas fait de souci. Comme je me trompais ! Après avoir quitté la grande route, la misère a commencé. La piste était très étroite et pleine de trous dans lesquels on pouvait facilement s'embourber. Ce vendredi soir, il m'a semblé que le voyage était interminable. La journée a doucement commencé à décliner, pourtant j'espérais toujours arriver au village de destination pour me joindre au début de Sabbat dans l'église sous le toit de feuilles de bananes. Mais brusquement, à une trentaine de kilomètres de l'arrivée, j'ai vu un grand camion qui me bloquait le passage. Il était embourbé à tel point qu'il avait absolument besoin d'aide pour s'en sortir. Impossible de passer à gauche ou à droite, si je ne voulais pas risquer de compliquer ma situation. Je suis sorti, j'ai fait quelques fois le tour du véhicule, j'ai crié pour voir si le chauffeur était quelque part, j'ai klaxonné à plusieurs reprises mais rien, aucun signe de vie ! Je ne savais pas si le véhicule était embourbé ici depuis plusieurs jours ou depuis le matin même. Je n'avais pas non plus la moindre possibilité de faire demi- tour et de repartir dans l'autre sens. Et reculer me semblait plus qu'un tour de force. Que faire ? Pour une fois que je n'avais pas embarqué de frère pour m'accompagner, je me trouvais dans une situation vraiment pénible. Seule consolation, même avec un copilote, on n'aurait pas pu y changer grand-chose ! Maintenant les autres animaux vivant dans la brousse semblaient me dire « bonsoir », encore accompagnés du bruit des grillons et criquets qui remplissaient la cacophonie d'une brousse qui m'entourait et qui semblaient me dire « à demain ». Il ne me restait plus qu'à m'installer dans ma voiture pour y passer la nuit, dans l'espoir que demain matin… J'écoutais encore un peu de la belle musique de mes cassettes et à la fin, bien sûr, j'ai prononcé ma prière « Seigneur, c'est à toi maintenant et tu sais qu'ils m'attendent demain matin, ton saint Jour, dans ta maison ». Très tranquille et confiant, je me suis endormi. Le GSM n'existait pas encore pour avertir André de ma situation. Oh, que le monde a changé !

Ce que je ne savais pas, c'est qu'à l'autre bout du chemin, ce soir-là, voyant que je n'arrivais pas, les membres d'église ont prié jusque tard dans la nuit pour que le Seigneur me protège et que je puisse arriver au moins pour le culte du Sabbat. C'est un peu comme l'histoire de Pierre et l'église en Actes 12. Chacun prie de son côté de l'obstacle. Il semble ressortir de la lecture des Actes que Pierre dormait tranquillement pendant que l'église priait pour que Dieu enlève l'obstacle. Il y a des situations où vous ne pouvez rien faire sinon avoir confiance. C'était bien mon cas ! J'ai aussi dormi paisiblement, comme Pierre. Je me suis réveillé le lendemain vers six heures avec le lever du soleil. Je n'en ai pas cru mes yeux en ne voyant plus de camion ! Le véhicule avait disparu, sans que j'aie entendu ni vu quoi que ce soit. Mais une chose est sûre : quelqu'un était venu pour enlever le camion. Je n'ai jamais su qui c'était ni comment cela s'était passé. Mais j'ai remercié Dieu pour le retrait de cet obstacle et sans tarder, j'ai continué mon chemin. Au bout d'une bonne heure, je suis arrivé au village où l'église m'attendait. C'est là qu'on m'a raconté la nuit de prière que cette église avait tenue pour que j'arrive sain et sauf. Des chants et des actions de grâce sont montés au ciel ce Sabbat matin et je peux encore dire aujourd'hui : « Merci Seigneur d'avoir entendu nos prières de cette nuit ». *« Je t'invoque car tu m'exauces, ô Dieu »* (Ps. 17 : 6)

Il serait injuste d'oublier de mentionner d'autres frères qui ont été de proches collaborateurs et m'ont assisté de leurs conseils et aides précieuses que j'ai toujours fort appréciés. Parmi eux, il y avait Etollo Bem Daniel, qui servait comme pasteur dans les environs de la ville de Douala. Pendant chaque voyage vers Kribi[5], il était de la partie pour m'assister dans toutes les traductions et tous les événements inattendus qui pouvaient advenir. Il y avait aussi le pasteur Makong André, celui qui se trouvait loin dans les environs de Djang et Kongsamba et encore le frère Mongo Jean-Claude qui s'occupait directement de l'église de Douala (Bali), une grande église de plusieurs centaines de membres. Il supervisait également d'autres églises de la ville. Lui-même était assisté par un membre laïc nommé Dibombé. Dibombé était charpentier de métier et avait installé une église dans son atelier, à l'autre bout de Douala, non loin du pont sur le Wouri. Il y organisait régulièrement des conférences publiques. Peu de temps après mon départ de Douala, j'ai appris sa mort soudaine. Je suis sûr de le retrouver plus tard auprès de notre Sauveur qu'il a tellement aimé et servi. Les souvenirs accompagnant notre séjour comme responsables du « Littoral » sont multiples mais devenus un peu vagues, faute d'avoir tenu un journal. Les différents déplacements dans la fédération étaient tous accompagnés de leur lot de problèmes. Souvent absent et loin de la maison, je regrette maintenant de ne pas avoir pu passer plus de temps avec nos enfants. Quelques heures particulières sont restées dans ma mémoire comme dans celle de mes enfants, ce sont celles pourtant rares passées avec mon fils Ben et ma fille Heidi dans le

---

[5] A l'exception de celui accompagné de mes enfants, et celui en taxi de brousse, que j'ai raconté plus haut.

lieu qu'on appelait « bois des singes » (une forêt pas trop loin de Douala). Je n'y ai jamais vu de singes, mais c'était un lieu formidable pour découvrir d'innombrables espèces de papillons. Un livre vivant pour y découvrir l'œuvre de la création de Dieu dans toute sa beauté ! Ben en parle encore aujourd'hui.

Avant de terminer ce chapitre sur le séjour à Douala, je ne peux pas manquer de raconter comment Dieu a une deuxième fois sauvé miraculeusement mon épouse.

La chorale des femmes de l'église de Douala (Bali) se réunissait une fois par semaine pour répéter. Notre maison se situait juste derrière l'église. Une petite voie derrière le temple reliait les deux bâtiments et les sœurs venaient régulièrement voir mon épouse, avec qui un lien d'amitié s'était bien vite développé. Ce soir-là, après la répétition, une sœur est encore passée à la maison avant de rentrer, pour bavarder au sujet des enfants (elle en avait sept) et des choses de tous les jours. L'un d'eux l'accompagnait. Sans qu'elles s'en rendent compte, le temps a passé et il a bientôt été trop tard pour que cette sœur qui venait de loin puisse rentrer chez elle avec son plus jeune enfant. Vu l'heure avancée, mon épouse lui a proposé de la conduire avec sa petite voiture à son domicile. Sans une once d'hésitation, la sœur a répondu par la positive. Elles sont parties dans la petite « mini », accompagnées de notre petite fille Heidi. La « mini » était, comme on dit dans la langue usuelle, une « vieille carcasse » de voiture. Nous l'avions achetée à un voisin qui était rentré en métropole et la voiture servait principalement à Adelheid pour se rendre à la clinique du Dr Ekande. Quelques jours auparavant, je l'avais encore conduite au garage pour un entretien et j'avais bien rempli le réservoir. Elles sont donc parties dans l'obscurité pour reconduire notre sœur. Mais pour un trajet aller-retour d'une demi-heure en voiture, mon épouse n'était toujours pas rentrée après une bonne heure et j'ai alors commencé à m'inquiéter. Que s'était-il passé ? La contacter était impossible, il ne me restait qu'à attendre patiemment. Elle a finalement klaxonné pour indiquer qu'elle était là et pour que je lui ouvre le portail. À vrai dire, j'étais soulagé de la voir. J'ai constaté qu'elle était très excitée et agitée et qu'il y avait une grosse bosse à l'arrière de sa voiture. Sans tarder, elle a commencé à me raconter ce qui lui était arrivé en route.

Non loin de la maison, sur le chemin pour aller chez la sœur, se trouvait un passage à niveau en pleine ville. Plusieurs personnes y avaient déjà perdu la vie en plein jour car ni les barrières du passage au niveau, ni les feux clignotants ne fonctionnaient. Ce soir-là, sur le chemin aller, arrivée à ce lieu dangereux, elle a ralenti et n'a rien vu que du noir. Se trouvant à présent au milieu des rails, elle a vu à quelques mètres d'elle sur sa droite, une grosse locomotive fonçant sans lumières, sans donner le moindre signal pour annoncer son arrivée. Elle eut juste le temps d'enfoncer à fond la pédale de l'accélérateur. Mais cela n'a pas suffi ! La locomotive a percuté la partie arrière de son véhicule, là où se trouvait le réservoir qui était rempli d'essence. Le véhicule a été envoyé en l'air pour retomber sur ses quatre roues et ceci, heureusement, sur la voie publique. Etant sous le choc de l'événement, elle ne s'est pas arrêtée mais a poursuivi sa route. Arrivées chez la sœur, elles ont jeté un coup d'œil aux dégâts sans constater de grosses anomalies. Adelheid et notre fille se sont arrêtées une demi-heure pour se remettre un peu de leurs émotions. Naturellement, pas de GSM pour m'avertir. Mon épouse a rassemblé tout son courage pour retourner à la maison. À l'arrivée, j'ai bien constaté les dégâts. Une belle bosse à l'arrière et deux miracles à constater : l'axe à l'arrière était resté bien en place et, encore plus incroyable, le réservoir de carburant n'avait pas explosé ! Imaginez-vous, quatre personnes sauvées d'une mort certaine ! Oui Seigneur, Tu es Grand. « … je suis avec toi pour te délivrer, dit l'Eternel » (Jér. 2 : 19 et David décrit : « Tu m'entoures par derrière et par devant, et tu mets ta main sur moi. » Ps. 139 : 5). Merci Dieu de m'avoir laissé ma chère épouse !

En relatant cet événement, un autre me revient à l'esprit. Quelques jours plus tard, nous avons reçu la visite du Dr Stoeger, chez nous à Douala. Encore totalement sous le choc, ma femme a raconté au Dr Stoeger ce qu'il c'était passé. Notre hôte lui a alors raconté à son tour ce qu'il avait vécu en Angola quelques mois auparavant. Deux choses à retenir pour comprendre ce qui suit : Frère Stoeger était le responsable du département

22. Bloqué sur la piste

de la santé de la Division à Berne. Il se déplaçait assez régulièrement non seulement au Cameroun dans les hôpitaux et dispensaires mais sa présence était aussi nécessaire en Angola et au Mozambique, des pays qui faisait en ce temps-là partie de notre Division. Ces deux pays étaient en pleine guerre civile à l'époque. Ainsi Fr. Stoeger a un jour été appelé à se rendre à notre hôpital de Bongo à Huambo (Angola) qui était situé en plein territoire rebelle dirigé par Savimbi. Le seul moyen de s'y rendre d'une façon à peu près sûre était l'avion. Toutes les voies terrestres étaient risquées à cause des mines et des attaques surprises toujours possibles. L'avion dans lequel il était monté, un ancien appareil, était rempli de gens et de bagages de toutes sortes. L'engin avait à peine décollé qu'il a été la cible d'une attaque de missiles terre-air. Le pire a été que le missile a touché un des moteurs de plein fouet. L'avion a fortement tremblé et vibré. Des cris sont montés de partout. Des sacs de farine se sont désolidarisés du compartiment des bagages et même des poules ont commencé à voler dans la cabine. (Vous seriez étonnés de voir ce que la population locale transporte comme bagage à main). L'avion a commencé à tomber. « Et moi, disait Fr. Stoeger, je ne sais pourquoi ni comment mais j'ai enlevé mes lunettes en toute tranquillité et j'ai fait ma dernière prière. Mais ô miracle des miracles, étant moi-même ancien pilote de chasse de la dernière guerre, je me suis rendu compte que le pilote faisait des prodiges pour tenir son avion en équilibre pour retourner à l'aéroport. Il a réussi mais une fois sur la piste d'atterrissage, il n'a plus pu freiner. L'avion a poursuivi sa course folle pour finalement s'écraser contre un mur et alors que tous attendaient l'explosion du carburant, rien de pareil ne s'est produit. Tous les passagers s'en sont sortis sains et saufs. » Ce soir-là, nous avons loué Dieu pour sa compassion dans ces épreuves. « Dieu est grand, mais sa grandeur nous échappe » Job 36 : 26. Il faut admettre qu'au fil des années, certains détails peuvent m'avoir échappé mais j'ai transmis ici la plus grande partie de ce que Fr. Stoeger nous a raconté.

Pendant ces années passées à Douala, l'île de la Guinée Equatoriale faisait partie de la mission de l'Ouest. L'île se trouve en face de la côte Camerounaise à une distance de 30' de vol. Sous une dictature très dure pendant des années, le pays était très difficile d'accès à cause de la situation politique. Je n'ai personnellement jamais pu y aller mais nous y avions plusieurs églises avec un jeune pasteur du nom de Ricardo. À de rares occasions, il a pu venir donner un compte rendu. Ricardo et nos églises étaient soumis à des difficultés sans fin. Depuis notre départ de Douala, je n'ai plus eu aucune nouvelle de lui mais la situation politique ayant changé entre temps, j'espère qu'il a aussi trouvé une vie plus facile et plus paisible.

Je dois encore rendre hommage à trois frères qui m'ont toujours soutenu et accompagné dans mon travail à Douala. J'ai déjà fait mention d'eux plus haut dans mon récit mais je le répète. Ce sont les frères Mongo Jean Claude, André Makong et Etolo Bem Daniel. Ce dernier m'accompagnait la plupart du temps dans mes déplacements. Ils m'ont constamment assisté par des actions et conseils précieux. Trois hommes frères qui ont toujours eu à cœur l'évangélisation pour le bien-être de l'église et pour gagner des âmes pour le Seigneur. Frère Mongo avait la responsabilité de nos églises à Douala et Fr. Makong a un jour été affecté à Bafang, au pays des Bamiliké.

Vu que nous avions aussi un grand nombre de colporteurs évangélistes, il fallait se procurer les livres dont ils avaient besoin. Sans oublier les multiples sorties en brousse. Le travail était très varié. J'étais souvent étonné de tout ce que j'étais capable de faire.

Avant mon arrivée à Douala, les frères de l'Union avaient voté de commencer notre œuvre à Bafang en y construisant une église, espérant que les gens y viendraient. C'était un mauvais calcul. L'église restait vide et des gens venaient seulement sporadiquement. Fr. Makong y a été envoyé pour suivre les efforts d'évangélisation. Son travail n'y était pas facile. Surtout au sujet du sabbat qui ne concernait pas le jour proprement dit mais surtout la question du repos car la devise des gens du coin était tout simplement « le repos, c'est la tombe ». Je pense que nous avons tiré la leçon pour l'avenir de ne pas construire de maison de Dieu sans la présence d'un nombre minimum de membres ralliés à la cause pour former un noyau.

Une autre partie de mon travail à Douala était de m'occuper des missionnaires arrivant et partant. Pour cela, j'étais en contact constant avec « la Procure des Missions Catholiques », qui s'occupait en grande partie de toutes les paperasses douanières. Je devais aussi régulièrement trouver des pièces détachées ou de remplacement pour l'entretien des voitures, souvent pour le collège de Nanga ou pour d'autres missionnaires dans la brousse. Vu que nous avions aussi un grand nombre de colporteurs évangélistes, il fallait se procurer les livres dont ils avaient besoin. Sans oublier les multiples sorties en brousse. Le travail était très varié. J'étais souvent étonné de tout ce que j'étais capable de faire. Même au point de démonter le groupe électrogène qui servait à produire l'électricité en brousse pour montrer des films d'évangélisation. Pendant ces années, par la grâce de Dieu, nous avons pu construire deux églises en dur : celles de Buea et de Kribi. Le plan architectural était celui d'Heini Walder. (Il a longtemps été trésorier de l'Union). J'avais aussi commencé à construire dans le pays des Babimbis, si c'était une église ou un bâtiment scolaire, je ne me rappelle plus.

Mais le temps était arrivé pour nous de penser à retourner en métropole. Les enfants avaient besoin d'école et nous étions aussi un peu fatigués après avoir passé quinze ans sous les tropiques. Quand nous avons transmis notre décision de rentrer aux bureaux de l'Union à Yaoundé et de la Division à Berne, celle-ci nous a mis à la disposition de notre fédération d'origine, en Belgique. Nous avons bien vite reçu des nouvelles de notre affectation suivante. Pour utiliser les mots de la lettre des bureaux de Bruxelles, nous serions de nouveau « parachutés » au Grand-Duché, pour remplacer notre collègue Frans Fiscalini qui avait comblé le vide au moment de notre deuxième départ.

23. D'un champ missionnaire à un autre

Les années qui vont suivre vont être pleines de surprises. Nous y avons retrouvé le même groupe, mis à part que le Fr. Fiscalini avait, par son ardent travail de porte- à- porte et par la grâce de Dieu, pu trouver un couple qui a alors été baptisé. L'histoire est un peu spéciale dans ce sens : un monsieur avait trouvé dans sa boite aux lettres une invitation à suivre des cours bibliques de « La voix », comme nous l'appelions à cette époque. Le seul problème était que l'homme était presque à 100% sourd. Son épouse devait toujours être présente pour lui faire comprendre par des expressions buccales. Elle-même, au début, n'avait aucun intérêt mais étant obligée d'être présente pour traduire pour son mari, elle a commencé à s'intéresser petit à petit et à découvrir Jésus, son Sauveur. Au bout de deux ans, les deux ont été baptisés.

C'est ainsi que nous avons continué l'œuvre adventiste avec une douzaine de membres, tous éparpillés sur le territoire du Grand Duché. Comme pour tout un chacun qui part ou rentre des missions, les premiers mois sont ceux où l'on souffre d'un « culture shock » (choc de changement de culture), où il faut se réadapter à une culture dans laquelle vous n'avez pas ou plus l'habitude de vivre. De plus, je n'avais pas à m'occuper d'une église mais plutôt d'une implantation d'église. Comment faire ? J'ai pensé à me lancer dans une campagne d'évangélisation. C'était à Esch/Alzette. Des milliers d'invitations ont été distribuées par les quelques membres que nous avions à cette époque. De grandes affiches ont aussi été collées à Esch/Alzette. Lors de la première soirée, mis à part quelques membres (seulement ceux qui comprenaient le français), peut-être quatre ou cinq personnes étaient présentes, parmi lesquelles un Jésuite. Je lui ai ensuite rendu visite mais sans beaucoup de succès. Pourtant, une autre personne présente a été très étonnée que je vienne à la fin lui rendre visite. Elle a été baptisée au bout de deux ans et jusqu'à maintenant, elle fait toujours partie de l'église. Quelques mois plus tard, elle amenait deux autres personnes, qui ont aussi été baptisées. Quelle multiplication !

J'ai vite compris deux choses et les ai toujours appliquées aussi bien en Europe qu'en Afrique. Les règles sont partout les mêmes pour obtenir avec succès une croissance d'églises ou « church planting ». Celui qui ne fait rien ne peux rien recevoir et en deuxième lieu, ne jamais négliger de visiter les personnes contactées par des conférences ou « La voix de l'espérance » !

Les années ont passé. Elles n'ont pas toujours été des années de joie. Des hauts et des bas sont souvent à l'ordre du jour. Mais il faut dire que malgré leur faible nombre, jamais les membres ne m'ont laissé seul. Pendant de multiples campagnes « Plan de cinq jours » ou des conférences directement évangéliques, j'ai toujours été soutenu par de fidèles assistants pour qui ce n'était jamais trop loin ou trop tard. Un soir, j'ai remarqué qu'un de nos membres qui assistait à la présentation a attendu jusqu'à la fin pour sortir avec moi. Lui en ayant demandé la cause, il m'a répondu que c'était pour m'accompagner jusqu'à ma voiture car une personne de l'assistance avait fait savoir qu'elle avait amené une barre de fer pour me battre. Parmi les sujets que j'avais traités pendant cette semaine, il y avait l'état des morts, le spiritisme et le diable. Le lendemain, je suis allé au poste de police pour déclarer cette menace. Le soir suivant, la police a envoyé une patrouille mobile au cas où. À une autre occasion, j'avais un « P5J » à Florenville, dans la province du Luxembourg belge. Pendant que j'étais en route, on a téléphoné à ma femme qui était restée à la maison qu'il valait mieux que je ne fasse pas ce « P5J » car il se pourrait, si je le faisais, « que je mange les pissenlits par la racine ». Rien de semblable ne s'est passé, si ce n'est que mon épouse a eu une trouille extraordinaire jusqu'à ce que j'arrive sain et sauf à la maison ! J'ai aussi déclaré cette menace la police locale car on ne sait jamais ! J'avais aussi en vue de lancer quelque chose à Libramont, dans le Luxembourg Belge. Bien vite s'est montrée l'opposition évangélique qui m'a accusé d'être le voleur des brebis. Je n'ai jamais pu y trouver une salle pour des conférences. Pourtant, dans ce lieu, se trouvaient quelques personnes que j'avais pu contacter par les cours par correspondance. Mais à un certain moment, après nombre d'études dans une famille, la porte m'a été fermée de façon assez abrupte. Je me suis senti tellement découragé qu'en roulant à travers la forêt des Ardennes, je me suis arrêté sur un petit chemin dans les bois et m'y suis mis à pleurer. J'ai lu le Ps. 73 pour m'encourager : « Mon pied allait fléchir ... la difficulté fut grande à mes yeux, jusqu'à ce que j'ai pénétré dans les sanctuaires de Dieu ... Quel autre ai-je au ciel que toi ? ». Ces moments de recueillement spirituel m'ont fait du bien. Il n'existe pas de chose plus grave que le découragement quand vous avez l'impression d'être abandonné et que rien ne marche. La seule chose à faire dans ce cas est d'ouvrir Sa Parole et de chercher l'aide d'en-haut, de Celui qui ne dort jamais ! À un moment donné après cet incident, le diable m'a embêté. Il vaudrait mieux aller chercher du travail ailleurs. Je me sentirais mieux que de faire ce travail ingrat. Je n'ai rien dit à ma famille mais en secret, j'ai épluché les offres d'emploi dans le journal. Mon regard a été attiré par une grande annonce d'une firme de transport avec laquelle j'avais dû collaborer à Douala pour le dédouanement et l'organisation du transport des affaires de nos missionnaires. J'ai pris rendez-vous avec elle et j'ai bien vite été invité à me présenter chez le directeur. J'ai été bien accueilli et nous avons eu une bonne et franche conversation. Il m'a dit la chose suivante à la fin de mon discours et je ne l'ai jamais oubliée. Je cite :

« Monsieur le Pasteur, vous pouvez commencer chez nous dès demain mais je vous demande de rentrer chez vous et de réfléchir encore sur votre apostolat ». On s'est serré la main et je suis parti. En réfléchissant, je me suis rendu compte que cet homme du monde m'avait parlé de la part de Dieu. Le lendemain, je lui ai téléphoné pour le remercier en lui disant que je ne viendrai pas mais que je poursuivrai mon ministère pastoral. Je suis jusqu'à aujourd'hui reconnaissant d'avoir trouvé cet homme sur mon chemin face à l'attaque du diable, le découragement. Je pense que Dieu l'a placé sur mon parcours pour m'empêcher d'abandonner !

Mais il y a aussi eu des faits remarquables. Laissez-m'en raconter quelques-uns. ! Après un « P5J », comme d'habitude, les personnes ayant souhaité en savoir un peu plus sur notre église ont été visitées. Ce n'était pas toujours un travail fructueux. Une brochure complète concernant les Adventistes était remise. Cette stratégie, je l'avais apprise chez Fr. R. Lenoir. Une fois, j'avais une adresse qui n'indiquait que le numéro de téléphone et le code postal. Comment trouver la personne indiquée ? Je n'ai pas téléphoné car vous courez toujours le risque qu'on vous dise qu'ils vont bien et n'ont pas besoin de soins ultérieurs. Alors, je me suis mis en chasse en me renseignant dans le village et la recherche a été couronnée de succès. Et c'en était un : la personne a été baptisée deux ans plus tard et est membre fidèle jusqu'à ce jour. À un autre moment, nous avions distribué des milliers de cartes dans un village, cette fois-ci dans le Luxembourg belge et des mois plus tard, j'ai reçu des bureaux de « La Voix » un livre avec prière de le porter à la personne indiquée. J'ai remarqué que l'adresse était dans le coin où nous avions distribué des cartes pour l'étude de la Bible. En bref,

> *Je suis jusqu'à aujourd'hui reconnaissant d'avoir trouvé cet homme sur mon chemin face à l'attaque du diable, le découragement. Je pense que Dieu l'a placé sur mon parcours pour m'empêcher d'abandonner !*

la femme a été baptisée et plus tard ses deux enfants, dont l'un se prépare actuellement pour le ministère.

C'est de la même façon que m'est parvenue une adresse de la Voix pour de nouveau aller porter un livre comme petit cadeau à une personne qui avait terminé les cours. C'était dans un village perdu entre les prairies et la forêt ardennaise. Un petit village de rien du tout, avec au milieu naturellement une église romaine. L'adresse qui m'avait été indiquée était celle de l'église avec, à côté, la cure. Qu'est-ce qui m'y attendait ? Un curé fort handicapé m'a ouvert. Après que j'ai expliqué raison de ma visite, il m'a invité à entrer et m'assoir avec lui dans le salon. Très vite, nous étions non dans une discussion concernant celui qui a raison mais plutôt lancés dans une conversation amicale où, à la fin, il m'a assuré que l'église adventiste que je représentais n'était pas une secte mais l'église qui porte la vérité pour notre temps. Qu'il était content d'avoir suivi les cours par correspondance et de m'avoir rencontré ! Nous nous sommes régulièrement rencontrés. Je lui ai un jour apporté le livre de Bacchiocchi « Du Sabbat au Dimanche ». La semaine suivante, il l'avait entièrement lu. Lorsque, quelques mois plus tard, il a reçu la visite de Monseigneur Leonard de Namur, il lui a donné le livre en insistant pour qu'il le lise et en tire sa conclusion. Leonard n'est plus jamais revenu le voir et le livre ne lui ai jamais été rendu. Ce prêtre a fait de la publicité dans sa paroisse en encourageant les gens à suivre le cours de « la Voix » mais il était lui-même découragé du peu d'intérêt qu'il trouvait dans sa paroisse. Il m'a ensuite demandé de venir prêcher dans son église un Sabbat après-midi de mon choix. Ce que j'ai fait, en plein hiver, l'église était chauffée et un grand nombre de ses paroissiens étaient présents. Mais à nouveau, pas d'intérêt pour aller plus loin. Je le vois encore pleurer un jour devant moi, un vieillard perdu, ne sachant plus que faire. Il était même prêt à se faire baptiser et se joindre à nous mais Dieu seul connaît les raisons pour lesquelles ceci ne s'est pas réalisé. Quand il a pris sa retraite, il a dû quitter la maison et j'ai perdu toute trace de lui.

Les jours et années ont été majoritairement remplis par le travail de « porte-à-porte ». Deux frères collègues ont fait des centaines de kilomètres pour me donner un coup de main. C'étaient une fois Léon Liénard et l'autre Léon Pollin ; ce dernier était responsable du colportage. Tous deux ont été étonnés du peu de réceptivité de la population, ils m'ont souhaité beaucoup de courage et « Dieu avec toi ». Comme j'étais seul depuis le début, j'ai continué ainsi. On fait ses expériences avec les gens et aussi avec son Dieu qui m'a toujours ouvert suffisamment de portes en été pour être à l'abri et au chaud pendant les rudes hivers.

Depuis un certain temps, notre petite église avait besoin d'un lieu fixe. Nous allions bientôt devoir quitter l'endroit prêté pendant des années par la commune, qui en avait besoin. Nous avions déjà longtemps cherché un terrain pour éventuellement construire une maison d'église. Le temps était à présent venu d'agir sans hésiter. Nous avons trouvé un terrain. L'argent manquait encore. Nous avons visité les membres et nous avons bientôt eu le capital nécessaire pour débuter. Le Frère E. Lüdescher (alors président de la division) nous a promis l'aide suivante : chaque franc de notre poche représentait un franc supplémentaire de la Division. Une offre à ne pas

Le pupitre de l'église de Mersch

négliger ou rater. Nous avons bientôt pu acheter le terrain et les travaux de construction ont commencé, chaque membre ajoutant encore sa part de travail manuel. Nous avons investi chaque moment de notre temps libre dans la construction. Des familles entières étaient présentes chaque dimanche. Le bâtiment a grandi de manière étonnante pour être finalement inauguré le 11 mai 1985. Mis à part nos frères responsables à tous les niveaux de notre organisation, Monsieur le Maire de Mersch ainsi que le curé responsable de la grande église romaine du lieu sont aussi venus à la fête de l'inauguration. Elle a été suivie d'un cycle de conférences qui ont été bien fréquentées. Quelques mois plus tard, je lançais à nouveau des conférences « Plans de cinq jours » pour aider les fumeurs à arrêter le tabac. Un monsieur qui y a assisté s'est intéressé à l'évangile et m'a demandé de le visiter. Nous avons bientôt reçu sa visite le sabbat matin pour le culte. Ce même jour, notre ancien d'église a lancé un appel pour un volontaire pour la construction d'un nouveau pupitre suivant le plan qu'il avait à la main.

Le monsieur visiteur est venu, après le service religieux, se proposer pour ce travail. Quelques mois plus tard, le chef d'œuvre a été livré et enjolive depuis lors la salle de culte.

Cet ouvrage ne suffira pas pour raconter tous les autres évènements vécus. Une chose est sûre : le temps passe vite ! Entre temps, nos enfants ont grandi et ont bientôt quitté la maison pour suivre leur chemin, le cours normal de la vie…

24. La République Centre Africaine (RCA)

Nous reçumes une lettre en provenance de Berne, venant de Fr. Steveny, secrétaire de l'Œuvre adventiste pour l'Europe et l'Afrique de l'Ouest. L'œuvre en RCA a besoin d'un missionnaire en vue du déménagement de Hans Obenaus qui doit aller s'installer au Tchad pour aider à des constructions à Béré. Fr. Steveny, à cette époque secrétaire à la Division, nous demande si nous n'avons pas envie de reprendre « le bâton du pèlerin » pour repartir en Afrique, cette fois-ci en RCA. (République Centrafricaine) où on avait besoin d'un missionnaire expérimenté et d'une infirmière pour installer un poste de santé à la station de Bangui, dans le quartier « Castor » où se trouve le siège de la mission RCA. Les enfants ayant déjà quitté la maison, notre décision de répondre favorablement ne s'est pas faite attendre trop longtemps. Une condition devait pourtant encore être remplie avant de partir : trouver un remplaçant pour continuer l'œuvre au Luxembourg. Ceci n'a pas été facile. Il fallait un candidat qui parle les deux langues principales du pays, à savoir le français et l'allemand. Après plusieurs mois de recherche, on a trouvé Fr. Gérard Fridlin, pasteur en France. En janvier 1990, nous sommes donc partis à destination de Bangui. Pour nous rendre dans ce pays du milieu de l'Afrique (landlocked country), nous avons pris l'avion. Hans nous a accueillis à l'aéroport. Une fois hors de l'aérodrome, un « culture shock » nous a brusquement frappés. Après des années passées en Europe avec toute son abondance, ses belles maisons, des supermarchés remplis même de tant de choses dont on n'a pas besoin, son infrastructure presque parfaite, nous avons à nouveau atterri dans un des pays les plus pauvres du globe. La journée était déjà sur son déclin. Il faisait noir en quittant l'aéroport, à part un faible éclairage public, l'obscurité était seulement trouée par des lampes tempête ici et là devant une boutique, il y avait une multitude des gens à pieds, des routes pleines de nids de poule. Quel monde nous attendait ici ?

Avant de quitter l'Europe, nous avions effectué les achats nécessaires pour installer la station de santé. Nous avions expédié une caisse de 1 m cube de matériel et de médicaments pour commencer l'œuvre médicale. Nous l'attendions encore. ADRA de la nouvelle Division Africaine avec son siège à Abidjan, était représentée par David Syme. Ce dernier est venu quelques semaines plus tard nous accueillir et nous encourager pour le lancement d'ADRA en République Centrafricaine sous ses différents aspects. Nous aurions bientôt les finances nécessaires pour avancer avec le poste de Santé. Enfin, c'est ce qu'il nous promettait. Dans l'attente, mon épouse a dû m'aider pour la paperasse du bureau et l'impression des brochures de l'EDS sur la vieille stencileuse. Ces leçons traduites en Sango devaient être tapées sur les stencils, après quoi nous devions les mettre l'une après l'autre sur la machine et ajouter régulièrement de l'encre pour imprimer les brochures pour le trimestre à venir. Des soirs entiers y ont été investis. À la fin de chaque séance, il nous semblait que plus d'encre avait été utilisée pour nous noircir nous-mêmes que pour imprimer nos leçons. Il ne faut pas oublier que

> *Il faisait noir en quittant l'aéroport, à part un faible éclairage public, l'obscurité était seulement trouée par des lampes tempête ici et là devant une boutique, il y avait une multitude des gens à pieds, des routes pleines de nids de poule. Quel monde nous attendait ici ?*

ce travail se faisait souvent à la pauvre lumière d'une lampe à pétrole. Un autre frère (dont j'ai oublié le nom) s'occupait de la traduction de cette brochure EDS ainsi que la correction des cours de « la Voix de l'Espérance ».

Revenons à notre arrivée en janvier 1990. Hans avait un mois pour m'introduire sur le territoire et me montrer les multiples églises déjà implantées depuis quelques années et éparpillées dans le pays, cet énorme territoire de 1000 kilomètres sur 500. Depuis l'arrivée de Jean Kempf et de sa famille en 1960, l'image de l'église adventiste avait déjà bien changé. Je ne peux que conseiller de lire son livre *« Allez ! Je suis avec vous »*, pour avoir une idée du travail de pionnier qu'il a mené. Lorsque nous sommes arrivés 30 ans plus tard, plusieurs missionnaires avaient déjà suivi les Kempf, entre autres les familles Sanguessa, Otchofsky, Giger, Obenaus. Et il en manque sûrement encore quelques-unes dont j'ai oublié le nom dans ma liste. Non qu'ils soient de moindre importance mais la mémoire me fait défaut. Ce sont eux qui ont construit des églises comme celles de Zima, Alindao, Bambari, Bria, Bangassou et d'autres encore. J'admire ces familles qui étaient prêtes à aller s'installer loin de toute civilisation. Elles étaient souvent pendant des mois sans nouvelles quelles qu'elles soient de leurs parents ou amis. Pour se rendre à Bangui, il fallait s'aventurer presque toute une journée sur des pistes poussiéreuses ou boueuses pour faire quelques centaines de kilomètres. Le résultat de ces années de dévotion et de sacrifice a culminé avec une église SDA déjà bien implantée avec 2.500 membres au moment où nous sommes arrivés. C'était maintenant à nous d'implanter ADRA et de continuer l'évangélisation.

Un des premiers voyages avec Hans a été vers Sibut, ville située à 200 kilomètres de Bangui. C'était un des seuls axes routiers goudronnés mais il fallait à nouveau bien faire attention aux nids de poules. Un ancien ouvrier pasteur y avait vécu, qu'on avait dû renvoyer pour des raisons que je ne veux pas mentionner ici. Ce n'est pas non plus mon but. La raison de notre voyage à Sibut était de visiter la fille de notre ex-pasteur qui était possédée par un mauvais esprit. Nous l'avons trouvée alitée. Son père était absent. Seule sa maman était présente. Nous avons pu lui parler.

Nous nous sommes ensuite approchés de sa fille et nous sommes agenouillés devant elle. Nous avons prié pour que le Seigneur puisse délivrer la jeune femme mais chaque fois que le nom de « Jésus » était mentionné dans la prière, un grand hurlement se produisait. La fille n'a pas été délivrée du démon qui la possédait. Nous avons quitté la place et laissé la pauvre jeune fille sous la grâce de Dieu. Tout le monde n'a pas le don de délivrance ou était-ce la méchanceté de l'ex-pasteur qui entrait ici en jeu ? Dieu seul le sait et cela nous suffit.

25. En route pour Ouadda

Avant son départ, Hans a insisté pour que nous allions encore rendre visite aux quelques nouveaux membres, loin dans la Haute Kotto. Je pense que c'était à Ouadda, non loin de la frontière du Soudan. Dans la Mercedes tout terrain de Hans qui est devenue la mienne après son départ pour le Tchad, nous sommes partis pendant plusieurs jours. Juste quelques jours avant notre départ, une partie de nos affaires sont arrivées par fret. Dans cette cargaison se trouvait une tente à installer sur le toit de la voiture. Génial pour l'Afrique : on

En route vers Ouada

dormait ainsi en hauteur, au sec et hors du danger des animaux sauvages. Avec la tente pliable sur le toit, Adelheid a été tentée de nous accompagner, ce qu'elle a fait. Le premier jour, nous avons parcouru le trajet Bangui Bria (450 kilomètres). Le lendemain, très tôt le matin, après avoir demandé à Dieu de nous accompagner, nous avons traversé par le bac le fleuve « Boungou ». Nous voulions prendre la route la plus courte, celle qu'Hans désirait encore découvrir avant de partir pour le Tchad. Nous nous sommes bientôt rendu compte que ce n'était pas une route mais pire qu'une piste de brousse. Non loin de l'endroit où nous avons traversé le « Boungou » à bord du bac, un camion bloquait le passage.

Ce véhicule bien chargé était enfoncé dans le sable fin, je pense pour ne plus jamais en sortir. Avec beaucoup de peine, en quatre roues motrices plus le différentiel, nous avons dépassé ce lieu d'ensablement. Nous avons ensuite pénétré en territoire inconnu. Une piste complètement envahie par l'herbe sauvage et d'autres plantes tropicales, au point où nous allions rebrousser chemin. Seulement, pour certaines raisons que j'ai oubliées, on avait enlevé la plaque protectrice du radiateur avant. Ainsi, si une branche ou autre chose allait nous percer le radiateur, nous ne pourrions plus compter que sur la grâce de Dieu. Nous avancions lentement sans jamais rencontrer ni village ni aucun être humain. Dans quelle aventure nous étions-nous engagés ! Au bout d'une centaine de kilomètres, nous avons finalement entendu un bruit de moteurs, de pompes à eau et de gens. Nous étions arrivés à une mine ouverte de diamants et d'or où chacun travaillait indépendamment.

Contents de trouver âme qui vive, nous nous sommes arrêtés quelques instants mais vu le temps avancé et le voyage encore à accomplir, nous sommes repartis sans tarder. La nuit tombe vite dans ces pays et il a bientôt fait noir. Sans carte routière (mais à quoi bon une carte quand il n'y a qu'une voie à suivre ?), nous nous sommes fixés sur les étoiles qui brillent très clairement dans les nuits africaines lorsque la voie s'est brusquement arrêtée devant un autre fleuve, le « Kotto ».

Mine d'or à ciel ouvert

Il était autour de 20 heures. Voyant un feu sur l'autre bord, nous avons appelé, oui, nous avons crié vers le batelier, dans l'espoir qu'il nous entende et veuille bien nous prendre si tard. Cet homme a sûrement eu pitié de nous car il est effectivement venu nous chercher. Arrivés sur l'autre rive du fleuve, cet homme nous a invités à passer la nuit dans son village, à côté de sa propre case. Le chemin vers Ouadda était encore long et dangereux la nuit. Ce soir-là, nous avons été invités à passer la veillée autour d'un agréable feu pour des causeries. L'homme était content d'avoir des étrangers chez lui, chose rare dans ces régions perdues et nous étions heureux d'avoir trouvé quelqu'un qui nous assurait que cette piste allait bien à Ouadda. En écoutant les bruits nocturnes de la brousse et portant les regards vers le ciel, nous avons parlé des merveilles de la création de Dieu, de la chute et du merveilleux plan du salut. Le troisième jour de ce voyage qui nous semblait interminable et plein d'inconnu s'est passé sans autres incidents spectaculaires. La voie était à présent plus praticable et tard dans l'après-midi, nous sommes arrivés à destination. La nouvelle de notre arrivée s'est aussi vite répandue qu'un feu de brousse. Nous nous sommes réunis avec nos membres et bien-sûr aussi beaucoup visiteurs. Je n'avais jamais pensé trouver des membres de l'Eglise adventiste à cet endroit. Jamais un pasteur ou missionnaire n'avait mis le pied ici mais si je me rappelle bien, c'était un membre d'église qui y avait été affecté pour son travail. Ensuite, comme disent les gens d'ici, tout a fonctionné « par la radio de rue », Dieu a ses brebis partout et Il sait les trouver ! Le soir venu, on s'est préparé pour la nuit. Nous avons monté notre tente pliable sur le toit de la Mercedes et Hans a fait son lit sous les étoiles, entre la maison de notre frère et la voiture sur laquelle nous allions nous installer. Mais cette nuit allait entrer dans nos mémoires pour ne plus jamais en sortir. Pendant que nous dormions, Adelheid a ouvert les yeux et m'a ensuite réveillé. « Tu ne sens rien ? La voiture bouge tout le temps. Tu dois aller voir ce qui se passe ». Effectivement j'ai aussi remarqué des mouvements, comme si quelqu'un se frottait contre le véhicule. Ayant vu beaucoup de chèvres et de moutons le soir avant d'aller nous coucher, je lui ai répondu : « Mais non, ce n'est rien de grave ! Ce sont ces moutons qui se frottent contre les côtés de la voiture. Si c'était autre chose, Hans se réveillerait sûrement. En tout cas, c'est ce qu'il a dit : « Je me réveille avec le moindre bruit et je dors à côté de la voiture. Alors, dormez tranquillement ! » Les mouvements ont cessé un peu plus tard et nous nous sommes rendormis. Mais oh ! Quelle surprise

> *Mais oh ! Quelle surprise au réveil. Hans dormait encore tranquillement à côté de la voiture, mais celle-ci était vide ! Un voleur était venu de nuit, avait enlevé les vitres et l'avait sans peine vidée de son contenu.*

au réveil. Hans dormait encore tranquillement à côté de la voiture, mais celle-ci était vide ! Un voleur était venu de nuit, avait enlevé les vitres et l'avait sans peine vidée de son contenu. Ce n'étaient pas des moutons ni des chèvres et Hans n'était pas un si bon gardien qu'il voulait nous le faire croire ! Après la déclaration à la brigade de police locale (ce qui a pris toute la matinée) suivie d'une courte excursion en pirogue sur le « Pipi », où nous avons vu des hippopotames, ce qui nous a permis de nous détendre quelques instants de tout le stress que nous avions vécu ces derniers jours, nous avons cette fois-ci pris la route directe pour Bria, qui n'était finalement pas bien meilleure que celle que nous avions empruntée auparavant. De Bria, nous sommes descendus vers Bambari pour prendre la direction de Bangassou, où Hans voulait encore terminer le toit de la maison de notre pasteur local et me montrer la station de Zima non loin de Bangassou. Quand après une semaine, nous avons été de retour à Bangui, nous avions parcouru quelques 2000 kilomètres. C'était un survol d'une partie du territoire où nous allions travailler. Nous devrions découvrir seuls l'ouest du pays, car le temps était venu pour Hans de partir avec sa famille. Le voyage devrait se faire de nuit à cause du danger des « coupeurs de route ». Les voyages de nuit étaient en effet plus sûrs, étant donné que l'armée, pour protéger les déplacements des voitures civiles, faisait aussi des trajets la nuit. Ainsi, les coupeurs de routes se méfiaient des attaques car ils ne savaient pas si c'était une voiture militaire ou civile qui arrivait. Avant de partir ce soir-là, nous avions encore une réunion de prière pour supplier le Seigneur d'accorder Sa miséricorde et Sa protection à la famille Obenaus, en route vers leur nouveau champ de travail au Tchad. Leur première station était Béré, en vue du travail à l'hôpital ; ensuite N'Djamena, puis Ngaoundéré au Cameroun. Nous, nous étions maintenant restés à la grâce de Dieu. Le choc de culture commençait lentement à faire place à la réalité de la vie quotidienne. Le soir, l'électricité était coupée de 19 h jusqu'à 22h ou plus pour économiser le gasoil nécessaire pour faire tourner les turbines qui produisaient le courant de la ville. Nous n'avions souvent pas d'eau, je ne sais pas pourquoi mais on trouvait toujours une raison pour justifier la coupure. Je devais maintenant me mettre à conduire dans une ville où, à chaque coin de rue, se trouvait un policier (ou une policière) qui, à tout moment de la journée, pouvait vous arrêter pour chaque fois vérifier les mêmes papiers de votre voiture et votre identité. On s'y habitue assez vite, sauf mon épouse qui a rapidement renoncé à rouler à cause des interminables tracasseries de ce genre. Il fallait pourtant aller rendre visite à nos stations dans l'ouest du pays, Bouar, Berberati, sans oublier l'église de Beloko, village à la frontière avec le Cameroun. Nous passions des semaines sur la route pour visiter ces endroits où des ouvriers ou membres laïcs s'étaient installés. C'étaient souvent des lieux éloignés et isolés du monde civilisé comme nous le connaissons dans nos pays d'origine. Quand je fais mention du village de « Beloko », ce n'est pas sans raison. Voici l'histoire de notre église dans ce coin perdu à 500 kilomètres de Bangui.

26. Tu vas adorer la bête ?

Youssouf était est membre de l'église de Bangui. Il était inspecteur de police dans la région de Bangui, bon chrétien et catholique romain convaincu. Il ne manquait pas d'aller à la messe chaque dimanche. Ainsi, un dimanche matin, en se rendant dans son église, il a été salué par un de ses voisins (membre de l'église Adventiste de Bangui) qui, comme la plupart des Africains, passe beaucoup de temps devant la porte de la maison. Ce matin-là, voyant son voisin aller à l'église, notre frère le salue et demande : « Youssouf, où vas-tu maintenant ? » « À l'église, bien sûr ! » répond Youssouf, à quoi notre frère réplique sans tarder « Oh ! Tu vas adorer la bête ? » Cela ne semble pas la meilleure introduction pour faire de l'évangélisation. Pourtant, Youssouf se retourne et lui demande ce qu'il veut dire par là. La conversation s'engage ou mieux, l'étude biblique commence. Notre frère Youssouf m'a lui-même raconté cette rencontre. Au bout de deux heures de conversation avec beaucoup de questions et de réponses, Youssouf est rentré chez lui sans passer par son église. Il est allé raconter à son épouse ce qu'il avait découvert ce matin-là. Non seulement la vraie église mais « Jésus ». Il a été baptisé peu après. En tant qu'inspecteur de police, il était souvent affecté à des endroits où personne n'avait jamais entendu parler des Adventistes. Alors, il ne trouvait pas mieux que de commencer à évangéliser les gens autour du nouveau poste de son affectation et il

L'église de Beloko à la frontière avec le Cameroun

finissait par bâtir une petite église (par ses propres moyens) pour que les nouveaux membres puissent se réunir le sabbat.

Ce soir-là, j'ai pu parler à ce groupe de gens qui se réunissaient dans le village où Youssouf était représentant de la loi et du gouvernement et en même temps missionnaire de l'Eglise adventiste. Dans ces circonstances, Yousouf a fait naître, par la grâce de Dieu, beaucoup de groupes et de petites églises.

27. Nous voulons voir...

Un de nos membres (était-il un maître d'école ? Je ne me rappelle plus des détails) était allé s'installer dans un endroit qui n'avait pas encore été atteint par notre message. Le nom du village m'échappe mais Adelheid qui m'accompagnait pendant ces jours-là a tenu une sorte de journal bien détaillé que nous venons de retrouver par hasard au moment où j'écris ces lignes. Voici en quelques mots sa description de ce voyage. Il fallait se rendre à Paoua dans la province de « l'Ouham Pende », près de la frontière du Tchad, à environ 500 kilomètres de Bangui. Le bon frère en question avait commencé à se lancer dans la propagation de la Parole. La seule chose qui faisait obstacle était que les villageois, n'ayant jamais entendu parler des Adventistes, se posaient les questions : « Quelle est cette Eglise ? Et toi, n'es-tu pas un faux prophète ? Ton message est bien, mais comment savoir si tu n'es pas faux ? Amène-nous le missionnaire qui représente cette église. Nous voulons le voir. Après, on te croira ». Quand le frère est venu à Bangui me raconter son problème et ses efforts pour faire passer notre message, j'ai été vraiment étonné. Accordait-on encore, au temps de l'africanisation, une telle importance au missionnaire ? D'un autre côté, cela me plaisait de constater que le temps des missionnaires n'était pas encore révolu. Le village se situait dans un endroit absolument inconnu de nous. Seulement, les routes devenaient de moins en moins sûres à cette époque, à cause de « coupeurs de routes », comme j'ai déjà mentionné plus haut.

Il m'était déjà arrivé une fois, sur le chemin de Sibut, de trouver brusquement un tas de morceaux d'arbres barrant la route. Impossible de passer : il fallait d'abord descendre du véhicule pour enlever l'obstacle, et quelques jeunes gens en profitaient pour faire irruption, machettes à la main. Ils voulaient bien nous aider à ouvrir le passage « mais s'il vous plaît monsieur… » On comprenait bien vite la misérable situation de ces jeunes. J'ai pu un peu leur parler et quelques billets, donnés par pitié, ont fait l'affaire pour qu'ils dégagent le bois qui faisait obstacle. Cet incident montrait bien la dégradation de la sécurité dans le pays. Régulièrement et de plus en plus souvent, les bruits des « coupeurs de routes » s'intensifiaient. Ils étaient même souvent violents et de temps en temps, l'agression se terminait par un meurtre. La nouvelle nous est parvenue d'une autre station missionnaire protestante qu'un de leurs pasteurs avait été tué dans une telle embuscade.

Nous avions déjà, à plusieurs reprises, ajourné ce voyage à Paoua mais notre frère insistait de plus en plus pour que nous venions, malgré l'insécurité qui s'intensifiait. Si nous attendions, les déplacements allaient certainement devenir encore plus dangereux. Adelheid date ce voyage d'août 1990. Après 350 kilomètres de route, nous sommes arrivés à Bossangoa. C'était un vendredi après-midi. Elle mentionne dans son journal que Bossangoa n'est qu'un grand village avec une école primaire, un lycée, une maternité et un dispensaire où manquaient tous les médicaments. Il n'y avait ni électricité, ni eau courante et les champs des villageois se trouvaient à 12 kilomètres de leurs maisons. Les membres, comme les autres villageois, passaient toute la semaine dans leurs champs, vu la distance. Le vendredi dans l'après-midi, ils rentraient pour passer le sabbat avec leurs familles et les autres membres. L'église était le résultat de l'œuvre d'un pionnier. Un pasteur (dont j'ai oublié le nom) avait commencé un travail d'évangélisation ici, en 1985. Il y avait acheté une parcelle de terrain, fabriqué des briques de terre cuite et construit sa maison et une chapelle. Un frère volontaire d'Europe était finalement venu l'aider à terminer les travaux. Je n'ai jamais connu le nom de ce dernier.

Les réunions du vendredi soir, du sabbat matin, sabbat après-midi et soir étaient bien fréquentées. Tous les membres ainsi que des visiteurs se réunissaient en grand nombre. Il semblait que la prédication n'avait pas de fin : une réunion après l'autre, les gens voulaient savoir. Nous avons fait route vers Paoua le dimanche matin. Encore 150 kilomètres, et plus nous avancions vers notre destination finale, plus l'état de la route ne se dégradait. Au bout de fatigantes heures, nous sommes finalement arrivés là où on voulait voir le missionnaire ! Adelheid écrit dans son journal : « … encore une ville mais plus petite que la précédente, pas d'eau potable, pas de soins de santé, pas d'électricité, rien de tout cela ici. Mais par contre, beaucoup de pauvreté et de maladies. Il manque ici tellement de choses. » Et pourtant, nous y avons trouvé une église adventiste comme résultat du travail d'un frère qui a un jour décidé de venir s'installer ici pour proclamer l'amour du Christ dans ce lieu perdu. Une soixantaine de personnes ont assisté aux réunions et nous devions encore faire plusieurs visites pastorales à domicile. Nous avons été invités à prendre le repas du soir chez la sage-femme du village. « L'hospitalité des gens est indescriptible et chacun pourrait la prendre en exemple », fait remarquer Adelheid dans son récit. Jusqu'à tard dans la nuit, on s'est parlé et on a échangé des expériences, on a parlé de l'amour de Dieu et des merveilles de sa création, sans négliger la souffrance avec ses multiples questions. Nous nous sommes séparés très tard pour aller nous coucher mais non sans remercier Dieu pour cette rencontre et demander Sa bénédiction pour la nuit. Nous nous sommes installés dans notre appartement sur le toit de la voiture. Peu après, il a commencé à pleuvoir, de 3 h à 9 h du matin, une pluie diluvienne qui a mis à l'épreuve l'imperméabilité de notre tente sur roues.

Le lendemain matin, c'était le moment d'entreprendre le voyage de retour. Le problème était que, suite à ces heures de déluge, les barrières de pluies, installées tous les 30 kilomètres, seraient fermées et d'habitude, on ne laisse passer aucune voiture pendant 6 à 8 heures, temps nécessaire pour faire sécher un peu les routes et éviter de plus graves dégâts dus au trafic. Quand on se trouve devant une barrière et qu'il pleut à nouveau entre temps six nouvelles heures viennent s'ajouter. Alors, en cas de malchance, le chemin du retour peut prendre des journées entières. Heureusement, avant de partir de Bangui, je m'étais procuré une autorisation ministérielle qui me donnait la priorité pour passer, même après de fortes pluies. Ces barrières de pluies, comme je l'ai dit, sont présentes tous les 30 kilomètres. Avec notre autorisation, nous n'avons eu aucun problème d'attente mais quelles occasions de parler avec les responsables des postes de contrôle et de distribuer des brochures et même des livres ! Beaucoup d'exemplaires de « Vers Jésus » ont ainsi trouvé leur chemin dans des endroits où Jésus n'était pas encore connu. À plusieurs reprises, les gardiens des barrières de pluies ont été étonnés que nous ayons obtenu cette autorisation exceptionnelle, qui est normalement uniquement réservée aux ministres ou exceptionnellement à des employés directs du gouvernement. Quant à la manière dont j'ai obtenu ce permis, c'est une autre histoire que vous pouvez lire dans le chapitre suivant.

28. Que veut-il de moi ?

Nous avions deux à trois colporteurs évangélistes. Ils essayaient de gagner leur pain par la vente de littérature évangélique et de santé. Dans un pays où le pourcentage d'alphabétisation est encore en développement et l'argent souvent très rare, il n'est pas toujours facile de trouver des lecteurs, qui plus est qui ont de l'argent et sont prêts à le dépenser pour un livre. Pourtant, celui qui cherche trouve ! Certains de nos colporteurs parcouraient souvent les villes du pays dans l'espoir de trouver quelques acheteurs. Ainsi, un de ces courageux frères (dont j'ai oublié le nom) s'est un jour rendu à Alindao, dans la Basse Kotto. Ce jour-là, le Ministre des Finances de la République Centrafricaine, Mr Wazoua Dieudonné, était en visite à Alindao pour une réunion administrative avec les chefs et responsables de la petite ville. De loin, notre frère suivait la réunion et faisait constamment des gestes, comme s'il voulait s'approcher du haut dignitaire. Celui-ci a remarqué ses efforts et ordonné à un de ses gardes du corps d'aller demander ce que cette personne désirait de lui. « Un entretien avec le Ministre » a été sa réponse. Et miracle, cet entretien lui a été accordé. Tout content, notre frère a dit qui il était et a pu montré toute sa littérature. Effectivement, le représentant du gouvernement ne s'est pas uniquement intéressé aux livres, dont il a acheté plusieurs exemplaires, mais s'est aussi intéressé à la foi adventiste dont parlait notre frère. Son intérêt est devenu si intense que des études bibliques ont régulièrement été organisées. C'est ainsi que l'ex-ministre me l'a personnellement raconté.

J'étais dans l'ignorance de tout cela, jusqu'au jour où notre frère colporteur est venu dans mon bureau avec un grand sourire en me disant que Mr. le Ministre des Finances était prêt pour le baptême. Quand pourrait-on l'organiser ? Je n'ai pas tout de suite compris ce qu'il voulait me dire ni s'il était en train de me raconter une blague ou autre chose. Pourtant, il insistait et j'ai bientôt été convaincu du sérieux de ses paroles. Pourtant, je trouvais un peu anormal que le président de la fédération ne soit pas au courant d'un tel événement. Le lendemain, je suis allé en ville au ministère en question, pour solliciter un entretien avec Mr. le Ministre qui m'a reçu sans me faire attendre. Nous avons eu un cordial entretien. Il était aussi content de faire ma connaissance autant que je l'étais de faire la sienne. Pour être sûr qu'il était vraiment prêt pour le baptême, je l'ai invité à assister aux cultes les sabbats matins et venir chez nous à la maison pour des études supplémentaires.

Le sabbat suivant, il est venu à l'église en voiture ministérielle avec son garde du corps et le dimanche matin, il est arrivé chez nous à la maison, à nouveau dans sa voiture ministérielle, accompagné de son garde du corps. Comme son poste le lui demandait, il était souvent en tournée dans le pays mais quand il était sur place, sa présence était certaine. À un moment donné, il m'a raconté qu'il avait parlé au président de la République et qu'à partir de maintenant, il ne devait plus compter sur lui pour les affaires gouvernementales car le

Baptême du Ministre des finances de la RCA

sabbat est le jour du Seigneur. Le président, étonné, avait demandé une explication. Cela avait été l'occasion de donner une étude sur le sabbat, avec le conseil que lui aussi, en tant que Président de la République, ferait mieux de garder ce jour. Il semble qu'à partir de ce moment, le président de la RCA n'a plus organisé de réunions et ne s'est plus rendu à sa ferme le samedi. Quelques mois plus tard, le frère ministre a été baptisé. J'ai laissé ce privilège à l'ancien de l'église de Bangui, qui était Tita, pour qu'il baptise son ministre. Le nouveau frère avait organisé un grand festin pour ce sabbat où tous les membres et autres invités se sont régalés. Ça a été un sabbat inoubliable ! Pendant tout le reste du temps de notre séjour en RCA, ce frère a été un fidèle membre de l'église de Bangui. Après notre départ, je me suis souvent demandé ce qu'était devenu ce frère. Jusqu'au jour où, il y a deux ans, par un grand hasard, j'ai appris par un membre d'une église en France (Pierre Kempf), que ce frère assistait fidèlement à l'église que lui-même fréquentait. Quelques semaines plus tard, j'ai pris le train pour aller le voir. Quelle joie de rencontrer mon frère, celui que je visitais à son cabinet ministériel, il y a tant d'années ! Il est actuellement un membre fidèle et assidu de l'église adventiste de la ville où il réside. Ceux qui l'accompagnaient à mon arrivée à la gare étaient frère Jean Kempf et son épouse, les deux pionniers de notre œuvre en République Centrafricaine, qui y ont débuté dans les années soixante. C'est à l'occasion de cette rencontre que l'ex-ministre m'a donné quelques détails sur la manière dont a eu lieu son contact avec l'église. Oui, « Dieu est grand » ! Acceptons-nous de le voir et le reconnaître ?

29. Notre père…
Tu connais le reste

Un soir, un des anciens de l'église de Bangui est venu me rendre visite. Nous nous sommes assis sur la terrasse de la maison. C'était une de ces soirées comme on peut uniquement en profiter sous les tropiques. Le soleil, déjà couché, une pleine lune et une petite brise qui vous rafraîchit un peu de la sueur qui vous perle sur le corps et on entend encore les bruits des grillons autour de soi, un de ces soirs africains qu'on ne peut pas oublier. Mais il y a encore autre chose qui ne me permet pas d'oublier cette rencontre. L'histoire incroyable de mon frère et ami « Tita Samba Sole » en visite chez moi et actuellement encore ancien de l'église adventiste de Bangui. Il a commencé à me raconter ce qu'il lui était arrivé une vingtaine d'années auparavant. « Sais-tu que tu as devant toi un condamné à mort ? » m'a-t-il dit. « Comment pourrais-je le savoir ? » a été ma réponse. « Raconte-moi ! ». Et il a commencé à me retracer son parcours. J'ai essayé, 25 ans plus tard, de me rappeler les détails de son histoire pour la mettre sur papier. Comme je craignais de faire des erreurs, j'ai essayé de le contacter pour lui demander de vérifier. Je vous transmets le récit comme il me l'a corrigé. Pourtant, c'est comme si je le racontais. Il a probablement voulu garder mon style. C'est un peu long mais je pense que cela vaut la peine de le transmettre dans son intégralité.

Lorsque Bokassa a pris le pouvoir, ont suivi quelques années après, plusieurs tentatives de coups d'Etat. Mais celui des frères jumeaux OBROU et MEYA, perpétré le 3 février 1976, où Bokassa avait été sauvé in extrémis par un coup de miracle, cette crise a donné l'occasion à Bokassa de revoir sa garde rapprochée. Rappelons que, lors de cette tentative, les auteurs ont utilisé des grenades pour balancer pendant que BOKASSA passait en revue la troupe venue à l'aéroport pour les honneurs lors d'un déplacement à l'intérieur du pays. Notons que les auteurs du coup de force ont tous été condamnés et tués.

Tita-SAMBA Solé fut engagé comme un de ses « body-guards ». N'importe où Bokassa se rendait, Tita l'accompagnait. Ainsi, il a vu presque tous les pays du monde, jusqu'en Chine, avec le tout-puissant Jean Bedel Bokassa. (Enfin, c'est que Bokassa pensait qu'il était tout-puissant !)

Après avoir suivi une formation de protection de hautes personnalités en Egypte, Bokassa qui était en visite dans cette partie de l'Afrique, a obligé le jeune Tita à écourter sa formation afin de revenir consolider sa protection car les tentatives de coups d'Etat étaient récurrentes à cette époque.

De retour au pays, quelques officiers, dans la chaîne de la bureaucratie centrafricaine, jaloux des quelques faveurs dont bénéficiait Tita auprès de Bokassa, inventèrent un grossier mensonge à son sujet. Rien de mieux que de l'accuser d'être à la solde du président égyptien de l'époque, Anouar EL SADATE, pour le renverser, puis encore en faisant courir le bruit qu'il faisait les yeux doux à celle qu'on appelait affectueusement « LA ROUMAINE », l'une des femmes de Bokassa. Pour cette affaire, Tita fut arrêté avec quatre autres militaires et une infirmière, la nourrice de son dernier-né avec la roumaine. Sans jugement préalable, le sort de Tita et ses compagnons de misère fut scellé : « condamnés à mort ».

Tita-SAMBA, né dans une famille catholique, n'a jamais su prier dans ce qu'il me contait. À Béréngo, (c'est le nom du palais de Bokassa), tard dans la nuit, quelques hommes en tenue viennent là où on a mis les cinq soldats car la seule femme du groupe avait été déportée dans un commissariat de police à Pissa, une petite bourgade à quelques kilomètres de Béréngo.

Vu le caractère spécial de son accusation, c'est Tita qu'on a sorti le premier, menottes aux poignets ; chaînes aux pieds, il est entraîné dans la pénombre où attendait un peloton d'exécution. Selon Tita, c'est à ce moment qu'il a compris qu'il allait être exécuté. Il s'est mis à prier Dieu en ces termes :

« *Notre Père qui est au ciel, que ton nom soit sanctifié, que ta volonté soit faite sur la terre comme au ciel… TU CONNAIS LE RESTE* ».

« *Tu connais le reste* » *est la démonstration évidente que même la prière universelle n'était pas connue de Tita-SAMBA. Il a instinctivement répété cette prière. C'est plus tard qu'on lui dira que le peloton avait des difficultés à bien le distinguer dans la nuit noire. Des instructions ont ainsi été données de le recouvrir d'un sac blanc ; ce qui fut fait. N'eût été l'intervention de Georges, fils aîné de Bokassa, il aurait été fusillé ce soir du 6 octobre 1977, trois jours après son arrestation.*

Déportés sur ordre du grand Chef, les jeunes gens (moyenne d'âge 23 ans), à la maison d'arrêt de NGARAGBA. C'est donc dans cette maison d'incarcération que les sévices ont réellement commencé sur les soldats- prisonniers de BOKASSA. Les geôliers ont pris soin de séparer le groupe en deux, après une fouille systématique. Seul, Tita est conduit dans une cellule baptisée « Safari », nom d'une structure hôtelière de la capitale. Il y restera six jours sans être nourri. Pendant ce temps, ses autres collègues seront, quant à eux, déposés à la « Porte Rouge », cellule exclusivement réservée aux détenus politiques.

Tard dans la nuit du 13 octobre, le capitaine, geôlier de la maison d'arrêt, débarque avec ses agents d'exécution pour la sale besogne. Dieu est encore avec Tita-SAMBA. Cette fois, on le sort de la cellule, lui passe les menottes aux poignets croisés dans le dos, on le pousse en avant. Derrière lui, deux tortionnaires tiennent chacun le bout de la chaîne. Lorsqu'ils se sont apprêtés à lui passer la chaîne autour du cou, un miracle s'opère : le téléphone sonne. La sentinelle qui était de faction court vers le peloton d'exécution pour dire au capitaine-geôlier : « Papa est au bout du fil », pour dire que c'est Bokassa lui-même qui est au téléphone.

Après une rapide conversation, le capitaine revient sur ses pas pour intimer l'ordre de sortir un autre prisonnier car il y avait « erreur sur la personne ». Le jeune Tita-SAMBA a encore eu la vie sauve.

La veille du nouvel-an, pendant que derrière la grande clôture de la prison, l'on pouvait écouter les chants d'allégresse des populations avoisinantes, on criait « BONNE ANNEE » mais ces populations ignoraient à peu près tout de ce qui se passait à l'intérieur de cette maison d'arrêt, cette vieille bâtisse de l'époque coloniale.

On faisait sortir un à un les compagnons de Tita, soi-disant qu'ils étaient entendus soit au tribunal, soit au Conseil des ministres. C'est cette version que l'on faisait croire aux détenus extraits. En réalité, ils étaient immédiatement zigouillés sur les instructions de Bokassa ou dans certains cas, suite à des règlements de comptes.

Plus de deux mois plus tard, le scénario d'exécution des enfants, élèves et étudiants a pris le devant de l'actualité macabre de cette prison. Vous vous souviendrez que le sort de BOKASSA avait été scellé à KIGALI suite au soulèvement populaire, particulièrement les enfants qui ont été arrêtés et torturés à mort à la prison de Ngaragba.

La nourriture manquait trop souvent. Les rares fois que les vivres entraient dans la prison, c'est toujours les plantains, les tarots, la feuille de manioc et des fois, de la viande ou du poisson et pour les cas où il n'y avait pas d'aliments pour survivre, (je l'entends encore me le raconter), il mettait des morceaux de bananes sur les tôles ondulées du toit pour qu'elles sèchent et qu'il puisse se nourrir avec ces provisions.

La vie routinière menée dans la prison de la mort de Ngaragba a obligé Tita et ses anciens (puisqu'il s'est retrouvé à « l'isolement », compartiment des condamnés à mort avec ceux qui ont passé dix années de détention) à se consacrer à la prière.

À l'isolement, ils étaient une douzaine de détenus. Du simple marabout en passant par des officiers et sous-officiers de l'armée, des diplomates ; tous attendaient la mort prochaine… si Bokassa se décidait ou encore s'il se produisait un malheureux incident dans la cour de l'isolement.

Tita n'oublie pas ce cas qui a coûté la vie du jeune vétérinaire Antoine. Ce dernier avait été arrêté pour avoir été maladroit quand il fut emmené pour traiter le troupeau de moutons du monarque. Deux ou trois bêtes n'avaient pas survécu aux médicaments administrés. Pour ces motifs, Antoine est directement jeté à l'isolement, sans aucun procès. Un après-midi, alors que c'était son tour de monter « la garde de vigile », il aperçoit son cousin Joseph à travers la fente de la porte de sa cellule. Il s'est mis à appeler. Surpris par un soldat qui était juste à côté, Antoine fut rejoint le soir même par son dit cousin à l'isolement. Question de faire durer l'énigme, ils seront exécutés pour cette imprudence. Comme quoi il n'était pas permis aux prisonniers d'avoir des contacts avec l'extérieur.

Il y a eu d'autres cas comme celui des cousins Antoine et Joseph qui ont jalonné les trois longues et pénibles années de Tita, passées sous le règne de Bokassa.

Il y a aussi la nature – j'entends l'environnement – et les songes qui ont marqué la vie des prisonniers de Bokassa. Notre ami Tita-SAMBA nous raconte que, très souvent, ils observaient les corbeaux qui volaient au- dessus de leur tête. Leur croassement les édifiait. Les rats qui vivaient avec eux dans ce sinistre endroit faisaient l'objet de leur observation. Certaines fois, quelques signes insolites leur faisaient croire à des événements qui survenaient.

Tita et ses compagnons de misère ne pouvaient que vivre avec les songes. Un soir, Tita en fait un où sa future libération lui est annoncée. Dans ce rêve, il devait aller là où il a, pour la première fois, joué au hand-ball. Il trouverait une église en ce lieu. Lui et ses compagnons demanderaient à son pasteur d'être baptisés. À cet endroit était effectivement construite la première station adventiste par le couple KEMPF.

> À l'isolement, ils étaient une douzaine de détenus. Du simple marabout en passant par des officiers et sous-officiers de l'armée, des diplomates ; tous attendaient la mort prochaine… si Bokassa se décidait ou encore s'il se produisait un malheureux incident dans la cour de l'isolement.

Quelques semaines (ou mois) passent encore et Bokassa est renversé. Par la suite, tous les prisonniers politiques sont libérés et avec eux notre ami Tita. Il est emmené dans une voiture militaire et on lui demande où le conduire.

Ne sachant où aller, il décrit aux militaires le lieu qui lui avait été indiqué dans son songe. Mais un des militaires a compris. Il le conduit à la Mission adventiste, au quartier Castors. Quand il voit l'endroit, il le reconnaît. Les quatre amis devenus anciens prisonniers se rendent donc à l'église adventiste de Bangui. Ils y resteront 3 jours et 3 nuits dans le jeûne et la prière. Ils demanderont ainsi au pasteur Clément Colongondat de les baptiser le 25 septembre 1979. Tita va reprendre des études en communication. Devenu un célèbre journaliste, il est resté un membre fidèle de l'église en RCA. Pendant mes années en RCA, il était ancien de l'église et il m'était, pendant ce temps, une aide précieuse dans des moments difficiles et souvent pénibles. En 1990, il fut envoyé à la Conférence Générale à Indianapolis, comme délégué de la RCA et nous nous sommes rencontrés à San Antonio, lors de la Conférence Générale de 2015.

Voici, en substance, ce qu'il m'a donné comme témoignage : « Mon enfance était marquée par le manque d'amour paternel et j'ai très vite opté pour ma défense personnelle. J'ai commencé par la boxe, le judo et le karaté ; que des sports violents pour me défendre ! Puis, à l'âge de 18 ans, j'ai eu ma fille aînée, sans Dieu. Je me suis mis à faire de la musique avec des amis qui avaient pour obsession de boire et fumer des joints.

Il y avait souvent de la violence verbale et physique. Puis j'ai ouvert la porte à la vie active. J'ai été recruté par la police puis affecté à la garde du Président de la République. J'avais de mauvaises fréquentations et suis devenu incontrôlable. Découragé par ma vie, j'ai essayé de me suicider dans un accident de voiture. Après tout cela, Dieu m'a guidé dans une autre ville sans que je le sache, en prison où je ne connaissais personne et je suis reparti de zéro. J'ai rencontré des amis dont le plus jeune y avait déjà passé six années et les doyens avaient neuf années d'incarcération à leur compteur. Ils m'ont amené à Dieu par de longues nuits de prières et de dévotions et là, j'ai accepté Jésus dans ma vie ! Je suis devenu, par la grâce de Dieu, le témoin qui a assisté à toutes les exécutions

Frère Tita, comme délégué, que j'ai retrouvé à la CG à Sant Antonio en 2015

de mes collègues et autres détenus venus après moi. Un autre grand miracle : la nouvelle naissance.

J'ai eu soif de la Parole et de ses enseignements. Suite aux prières, j'ai fait une promesse à Dieu. Si je sortais vivant de cette prison, je le servirais jusqu'à la mort. Quelle délivrance ! Quel soulagement ! J'ai retrouvé paix et liberté : encore des miracles ! Je suis maintenant devenu une créature merveilleuse grâce à Jésus. Je suis joyeux et heureux de cette nouvelle vie en Jésus et je rends grâce à Dieu de tous ses bienfaits pour moi et sa Parole puissante car sans lui, je ne suis rien et serais mort mais là, je vis avec lui et j'ai éternellement la vraie vie ! ».

Voilà la vie de notre frère Tita. Quand il a eu fini son récit, je n'ai rien pu dire mais seulement penser à cette parole qu'on trouve en Rom. 11 : 33 : « O profondeur de la richesse, de la sagesse et de la science de Dieu ! Que ses jugements sont insondables et ses voies incompréhensibles ! » Souvent, on prie et il semble que la prière ne monte pas plus haut que le plafond. Pourtant, Dieu écoute, même s'Il ne répond pas tout de suite. Israël a dû prier 400 ans avant que Dieu le délivre pour se rendre au pays promis. Le temps n'était probablement pas encore venu ? Quand je suis allé au lit ce soir-là, j'avais des sujets sur lesquels réfléchir avant de m'endormir.

30. Conférences à Bangui

Entre les multiples déplacements dans ce pays grand comme deux fois la France, il fallait trouver un moment pour mener une campagne d'évangé-

Station de Bagui avec sa chapelle

lisation à Bangui même. Il a été décidé de tenir un séminaire sur Daniel dans notre temple de la capitale. Nous avions pourtant quelques problèmes de publicité. Pas moyen d'imprimer des « posters » ; nous nous sommes alors mis au travail manuel.

J'ai dessiné de grandes affiches pendant des soirées entières. Il manquait maintenant des vitrines de magasins en ville mais il y avait suffisamment d'arbres pour les coller ! Les « flyers » ont été imprimés sur la vieille imprimante au stencil de la mission. Je ne sais plus combien nous en avons imprimés mais c'était beaucoup. Les membres de l'église ont pris soin de les distribuer à tous les passants en ville. Je ne peux pas oublier l'aide précieuse de notre frère Tita qui était à ce moment-là journaliste à la radio nationale et n'avait pas de problèmes pour annoncer quotidiennement et gratuitement les conférences sur les ondes de radio Bangui. Nous étions tous dans l'attente de savoir combien de personnes allaient venir pour le cycle qui allait durer sept jours. Mais bonne surprise : les places dans l'église n'ont pas été suffisantes pour accueillir toute l'assistance. Beaucoup ont dû se contenter d'une place debout. Il semblait que le nombre augmentait chaque soir. À la fin du cycle, nous avons organisé des études bibliques pour ceux qui voulaient en savoir plus sur notre message. Quarante-cinq personnes sont venues le jeudi soir suivant pour la classe biblique. Je n'oublierai jamais les paroles d'un homme assez jeune qui, à un moment donné, s'est levé dans l'assistance avec un souci au cœur et m'a dit : « Pasteur, vous nous donnez la lumière et beaucoup de vérité que je ne peux pas contredire. Mais il faut que vous sachiez que je suis catholique. Je ne me ferai pas baptiser chez vous car dès le moment où je deviendrais adventiste, je ne pourrais plus jamais prêcher ces vérités dans mon église. J'y ai maintenant accès. Etant Adventiste, je ne l'aurais plus ! » À la fin de cette campagne, une vingtaine de personnes ont été baptisées et à ma connaissance, la plupart sont toujours là. Il n'y a pas si longtemps que l'un d'eux m'a donné un coup de téléphone pendant son passage à Paris pour me saluer et me rappeler cette merveilleuse semaine du séminaire sur Daniel où il avait appris à connaître le Seigneur il y a tant d'années. Au moment où j'écris ces mémoires, il y a juste une semaine de cela, je reçois une communication. A l'autre bout du fil, j'entends : « Allo, pasteur, comment vas-tu? C'est Daniel. Te souviens-tu de moi, Daniel des conférences à Bangui, le frère de Laurentine ? Nous avons été baptisés à Bangui après le séminaire sur Daniel, il y a 25 ans ». Oui, je me rappelle encore aujourd'hui comment, suite à leur présence assidue pendant plus d'une semaine, je suis allé les visiter chez eux pour les encourager. Deux jeunes gens, sans emploi et sans avenir assuré mais avec le cœur plein de joie pour cette merveilleuse nouvelle de l'évangile qu'ils avaient trouvé. Comment pourrais-je oublier des moments pareils ? Je lis dans la bible en Ps. 126 : 5 : « Ceux qui sèment avec larmes, moissonneront avec chants d'allégresse », quelle vérité !

Je dois ici ouvrir une parenthèse. Depuis notre arrivée en 1990, nous attendions les fonds pour commencer, après le réaménagement de certaine salle de classe, l'installation d'un poste de santé. Nous avions amené avec nous tout le matériel nécessaire, bien emballé dans une grande caisse de 1 m cube : Médicaments, instruments, bandages, etc. Mais les fonds qui nous avaient été promis manquaient toujours. Toutes les lettres que j'écrivais restaient sans réponse. Nous avions heureusement aussi apporté une dizaine de machines à coudre pour commencer une classe d'apprentissage de la couture. Adelheid a alors commencé par des cours de couture. D'autres jours, quand je n'étais pas en tournée, j'enseignais aux hommes (jeunes et moins jeunes) l'agriculture où j'avais quelques connaissances. Les deux classes ont été bien suivies et ADRA a été au moins partiellement fidèle à sa réputation « d'aide au développement ». Comme le centre de santé n'était toujours pas lancé, Adelheid a eu l'occasion de m'accompagner à plusieurs reprises pendant mes tournées, lorsque le travail de bureau le lui permettait.

J'ai un jour lancé une campagne d'évangélisation d'un autre genre : un « Plan de cinq jours ». Dans un pays où jeunes et anciens sont encore lourdement trompés par la publicité de masse pour la cigarette et deviennent esclaves du tabac, il fallait faire souffler un vent nouveau. Tita, par ses contacts comme journaliste, nous a aidés à obtenir la grande salle des manifestations de la capitale. Quelques pancartes ici et là en ville et les publicités faites par Tita à la radio, sans oublier le travail de « la radio de rues » par les membres de l'église, nous ont bien rempli la salle dès le premier soir. Cela a été le cas également tous les soirs suivants. Mais chose étrange, le cinquième soir, un tout autre public a commencé à se mêler à nos auditeurs habituels. Nous avons été de plus en plus étonnés quand quelqu'un a commencé à installer je ne sais plus quoi sur l'estrade. Quelques-uns de nos aides sont allés s'informer de ce qui se passait. Peu après, ils sont venus me dire que le concierge avait par erreur loué la salle, ce soir-là, à deux manifestations différentes. Vu que l'autre rassemblement était beaucoup plus nombreux que le nôtre, nous avons été relégués dans une salle secondaire. Mais cette dernière était vraiment très petite. Plus de la moitié de notre auditoire a dû suivre cette dernière présentation sous le ciel étoilé. En tous cas, notre P5J a été un succès. Des semaines plus tard, nous avons rencontré des gens qui nous ont encore exprimé leur gratitude pour les avoir aidés à surmonter l'esclavage de la cigarette.

Ce qu'on trouve dans le monde entier, c'est que personne ne vit éternellement. « Il y a un temps pour tout » écrivait Salomon, « …..un temps pour naître et un temps pour mourir » Eccl. 3 : 1. Dans la société où je vivais à cette époque, le deuil dure plusieurs jours. Une fois la personne enterrée, l'afflux des visiteurs continue encore plusieurs jours. Le cercle des connaissances et amis où tout le monde connait tout le monde, est beaucoup plus grand que chez nous où il est seulement formé des proches de la famille et de quelques amis. Quand il s'est agi d'un membre de l'église, j'y suis aussi allé pour exprimer ma compassion et ma sympathie en prononçant en même temps quelques paroles spirituelles pour ceux qui désiraient les entendre. Le lendemain a eu lieu l'enterrement auquel j'ai également assisté. Je pensais que ce serait un enterrement comme un autre mais une chose m'a frappé. Plus on approchait du cimetière, plus les corbillards qui entraient dans le lieu des mises en repos étaient nombreux. J'ai demandé à mon frère Tita qui m'accompagnait comment cela se faisait. Les voitures faisaient la queue pour entrer et encore tout ce monde ! Il y avait sans cesse un va- et- vient. À quoi mon frère a doucement répondu : « Il y a deux causes de mort ici, pasteur, le sida et la malaria. » Triste situation car les deux principales raisons auraient pu être évitées. J'ai encore pensé : « Mourir est une chose mais ce qui est grave, c'est qu'on aurait pu éviter ces morts précoces ! »

31. Berberati

Un des lieux où j'allais assez souvent est Berberati dans le Mambéré-Kadei, à quelques 500 kilomètres de la capitale. C'était chaque fois un voyage sur des routes « tôle ondulée ». La principale raison était la construction de la chapelle.

Ancienne église de Berberati

L'ancien bâtiment étant délabré, Hans avait commencé une nouvelle construction. Chaque fois que je la voyais, il me semblait qu'avec le premier vent fort, tout s'écroulerait. Le bâtiment me faisait honte. Je devais absolument trouver les moyens nécessaires pour terminer le travail. Par la grâce de Dieu, nous les trouverions. Il nous fallait aussi trouver un maçon sérieux pour terminer les travaux de la nouvelle église, débutés quelques années auparavant. Seuls quelques murs étaient construits. Le reste des murs et un bon toit manquaient encore.

Un commerçant sur place a pu nous pourvoir en matériaux comme le ciment, le bois des poutres et les tôles nécessaires. Mais il fallait surveiller les travaux, d'où la raison de mes multiples visites. C'était en

Nouvelle église de Berberati

même temps un bienfait pour l'église locale car à chaque fois que je m'y trouvais, nous avions plusieurs réunions spirituelles et en voyant que le nouveau bâtiment avançait, les membres (et moi aussi) étaient joyeux de bientôt avoir un bâtiment digne d'une église. Les travaux ont été achevés plusieurs mois plus tard. Le moment de l'inauguration a été fixé. J'avais seulement un problème pour m'y rendre. Depuis déjà un certain temps, j'avais besoin d'un permis spécial pour y aller, vu la présence de mines ouvertes de diamant et d'or dans ces régions. Pourtant, le problème n'était pas le permis mais les routes rendues dangereuses à cause des coupeurs de routes. La sécurité dans le pays s'était encore dégradée, à tel point que j'ai cherché d'autres moyens pour m'y rendre. Mais comment ? Berberati avait un aéroport pour de petits avions privés mais qui l'utilisait encore ? J'ai frappé à la porte des autres missions et entreprises mais rien, pas de vol ! J'avais heureusement d'assez bonnes relations avec le « Ministre des affaires intérieures » du pays, probablement grâce au Ministre des Finances qui était désormais, et ce depuis plusieurs mois, notre frère. Je ne me rappelle plus les détails, mais je me suis rendu chez ce ministre en question pour lui demander de me trouver une solution. Je suis juste arrivé au bon moment car il allait lui-même partir pour Berberati dans un petit avion. J'ai pu sans aucun problème me joindre à lui. La date et l'heure ont été fixées et nous sommes partis. Je n'avais encore jamais vu le paysage de cette façon. Je mettais d'habitude un jour ou plus et cette fois, 2 heures seulement ont suffit pour parcourir la distance. D'en-haut on voyait toutes les mines de diamant et d'or, des mines à ciel ouvert. C'était comme si le tapis vert de la brousse était percé de grandes taches brunes qui indiquaient les lieux où on était à la recherche des précieux minerais. J'étais étonné d'en voir tant. Une fois arrivés à Berberati, nous avons fixé le moment de retour et je suis jusqu'à ce jour très reconnaissant envers ce Ministre de m'avoir si généreusement transporté. À partir de la piste d'atterrissage, à l'aide d'une autre personne présente (l'exploitant du commerce auquel j'achetais les matériaux de construction pour la chapelle) au soi-disant aéroport, j'ai pu me rendre en voiture à l'endroit précis où je devais aller. Je n'ai, bien sûr, pas pu prendre tout mon équipement de brousse pour ces quelques jours. Un petit hôtel se trouvait heureusement près du site de notre nouvelle église. Il était loin de pouvoir être comparé à ce que nous entendons par ce mot en Europe. Mais il y avait une sorte de lit, une lampe à pétrole et un peu d'eau courante. Ni les moustiques, ni les cafards ne manquaient généreusement à l'appel. Mais j'étais si fatigué à la fin de la journée, je me suis endormi sans aucun problème. Le lendemain, le sabbat était le grand jour. Tous les membres, proches et même de plus lointains horizons sont venus assister à la fête, sans oublier les autorités locales. Un grand festin après le culte matinal et encore une réunion d'évangélisation plus tard dans la journée ont mis fin à ces inoubliables moments. Dieu a été loué toute la journée car dès à présent, Il avait une maison convenable. Merci Seigneur de ce que par ta grâce nous ayons pu terminer et consacrer ce lieu de culte. Le lendemain, j'ai pu regagner Bangui par la même voie aérienne, accompagné par le ministre.

on cherche des diamants autour de Berberati

Pendant une de mes visites à Berberati, un membre d'église qui était enseignant dans une école d'état est venu me trouver avec une requête un peu particulière. Il n'avait pas reçu de salaire depuis des mois. Il n'y avait là rien de surprenant dans un pays où l'argent manque constamment. Mais quand cela tarde pendant des mois, la vie devient vraiment dure. Et il m'a demandé si moi, lorsque je serais de retour dans la capitale, je ne pouvais pas aller aux bureaux des salaires pour demander qu'on lui paye les mois de retard, en me confiant son argent. Il m'a rédigé une sorte de procuration et me l'a confiée.

Totalement dubitatif quant à la réception de son salaire, je l'ai quitté en lui assurant que je ferai mon mieux.

De retour quelques jours plus tard, je suis allé au bureau des finances « salaires maîtres ». Ayant décliné mon identité et expliqué le cas, j'ai vu le fonctionnaire disparaître dans un autre bureau. À mon grand étonnement, il est ensuite assez vite réapparu. Me regardant et me demandant mes papiers d'identité avec un grand sourire, il m'a donné un document et m'a accompagné à la caisse où s'était déjà formée une longue queue de gens qui désiraient probablement tous la même chose. L'employé m'a fait passer devant tous ceux qui attendaient et m'a fait payer la somme due par le caissier, sans autre formalité et sans attendre. En lui exprimant tous les remerciements de la part de celui qui m'avait mandaté, j'ai, tout content, quitté le bâtiment des payements.

Quelques semaines plus tard j'ai à nouveau dû me rendre à Berberati pour je ne sais plus quelle raison. Je profiterais de l'occasion pour apporter les six mois de salaire à notre frère. Cette fois, en voiture, trois autres frères m'ont accompagné. Peu après la sortie de Bangui, une patrouille de police nous a arrêtés. J'ai pensé que ce n'était rien de spécial, un contrôle habituel. Souvent après un tel arrêt, lorsque je disais : « Je suis le pasteur de la mission Adventiste », la voie était libre, mais il m'a semblé que, cette fois, c'était différent. L'agent a soigneusement examiné mes papiers où il n'a pas pu trouver de manque ni d'irrégularité quelconque pour essayer d'en profiter. Il a tourné autour de la voiture et jetant un coup d'œil à l'intérieur, il a noté que je n'avais pas attaché ma ceinture. Quoique je n'aie jamais vu quelqu'un ayant attaché sa ceinture de sécurité, il l'a fait glisser entre ses doigts et a dit à ses collègues, en langue Sango : « Celui-là va payer, il n'est pas mon pasteur ». J'ai reçu un PV pour avoir roulé sans attacher ma ceinture de sécurité. Le policier a effectivement rédigé un procès-verbal par le biais duquel je serais enregistré dans l'ordinateur comme transgresseur de la loi pour avoir roulé sans ceinture. Après quoi, nous avons poursuivi notre chemin. On s'est arrêté pour manger quelque chose deux cents kilomètres plus loin, à un endroit où se trouvait une sorte d'arrêt pour routiers et j'en ai profité pour vérifier les papiers que le fonctionnaire m'avait rendus à la sortie de la capitale. J'ai remarqué qu'il me manquait le certificat du contrôle technique. J'ai pensé qu'il l'avait gardé pour me créer des ennuis lors d'un éventuel autre contrôle un peu plus loin. Cela pouvait m'occasionner de grands problèmes au cas où la police m'arrêtait sans être compréhensive. Mais tout s'est déroulé sans autre incident. Nous sommes finalement bien arrivés à Berberati. Le soir venu, autour d'un petit feu, j'ai raconté l'évènement du jour à mon collègue sur place. « Oh ! » a-t-il dit « nous pouvons demain aller voir la gendarmerie sur place et lui expliquer ton cas. Nous sommes bien vus du chef de poste. Il nous connaît bien. Il peut sûrement faire quelque chose pour toi ». Ainsi, nous sommes allés lui rendre visite le lendemain. Nous avons été cordialement reçus et j'ai pu, en toute confiance, lui raconter les détails de ce qui nous était arrivé. Il a été très compréhensif et a cherché un moyen de nous sortir de ce guet-apens. Après une courte réflexion, il en est venu à la solution suivante : « Voici, pasteur, je vous mets une autre amende parce que vous avez emprunté ici une voie à sens unique (cela n'existe même pas à Berberati). À cause de cela, au lieu de vous pénaliser financièrement, je vous ai, soi-disant, retiré votre certificat de contrôle technique pendant 20 jours, cela fera l'affaire ». Voilà une solution à laquelle il fallait penser et que j'appellerais une « solution africaine à l'amiable » ! Tout le monde était content, surtout le maître d'école dont j'avais pu récupérer les six mois de salaire. Au bout de quelques jours passés sur place à m'occuper principalement des autres affaires, je suis rentré sans autres problèmes ou arrêts habituels. Le sabbat suivant à l'église de Bangui, j'ai vu le frère Youssouf, commissaire de police, celui dont j'ai raconté l'histoire plus haut. « Ne t'en fais pas ! » m'a-t-il dit, « tu vas voir le procureur de la république et tu lui racontes ce qui t'est arrivé ». Suivant le conseil de notre frère, le lundi suivant, je me suis rendu chez le procureur, qui m'a reçu sans tarder et ne semblait en rien étonné de tout ce que je lui racontais. « C'est encore une fois de la tracasserie de route. Ma femme en souffre aussi régulièrement. Ne t'en fais pas, pasteur, aujourd'hui encore j'enlève ce PV de l'ordinateur ». La seule chose que j'ai dû faire, c'est à nouveau subir le « contrôle technique voiture » (assez cher) pour obtenir un autre certificat.

32. Le restaurant

Adelheid m'accompagnait de temps à autre dans ce lieu éloigné. Lors d'une de ces occasions, après ce long voyage sur les pistes poussiéreuses, fatigantes et couvrant de longues distances, les contrôles réguliers par les postes de police étaient, bien sûr, de la partie. Ainsi, après une de ces journées passées à rouler sans fin, nous avions décidé, après notre arrivée, de chercher un resto africain (il n'y en a pas d'autres) et prendre le repas du soir. Après nous être rafraîchis et nous être installés pour la nuit, nous avons cherché pour trouver à manger. Sans trop d'efforts, nous avons trouvé un petit local sur lequel était inscrit : « Restaurant ». Il semblait y avoir de bonnes choses sur la carte des menus. Nous avons décidé de nous y asseoir. Le garçon arrive peu après. On passe notre commande avec une boisson rafraîchissante. Elle est bien vite servie, mais le temps est assez long pour obtenir notre plat. Le garçon arrive vingt minutes plus tard mais sans rien à nous servir. En s'excusant, il nous dit que notre commande n'est pas disponible. Il nous demande si on voulait bien commander autre chose… Un peu étonnés, nous commandons un autre plat. Le garçon disparaît à nouveau et il réapparaît les mains vides une quinzaine de minutes plus tard. Il s'excuse à nouveau nous disant que ce plat n'est pas disponible non plus. Pour la troisième fois, nous examinons la carte des menus et commandons à nouveau autre chose dans l'espoir que cette fois-ci sera la bonne. Le garçon disparaît une troisième fois. Nous l'attendons une autre vingtaine de minutes et il revient une fois de plus les mains vides pour nous faire le même discours. Cette fois, je me suis énervé et ai été très étonné, mais lui ai demandé, sur un ton très gentil : « Mais mon ami, dis-nous ce qu'il y a à manger ! », question à laquelle il a répondu, avec un visage plein de pitié pour nous : « Madame a dit qu'il n'y a rien, Monsieur ». Pour faire face à de pareilles situations, il faut être un peu philosophe. Mon épouse et moi nous sommes levés et avons quitté ce restaurant. Sans nous être rempli l'estomac ce soir-là, nous avons bien dormi car nous avons bien ri et, chaque fois que nous en parlons encore aujourd'hui, nous rions encore. La Bible nous rappelle, en Eccl. 3 : 4, qu'« il y a un temps pour rire ». C'était un de ces moments-là !

33. Les soirs de Bangui et PK6

La plupart du temps, j'étais / nous étions partis comme déjà raconté plus haut dans mon histoire. Il faut pourtant que j'écrive ici comment nous passions les soirées quand on restait sur place. Comme déjà mentionné avant, des soirées entières étaient investies sur la stencileuse. Comme elles étaient très longues, il fallait trouver un moyen de s'occuper. Pas toujours facile quand le courant est coupé la plupart des soirées et plus d'eau non plus mais il nous restait la lampe tempête, seul moyen de se débrouiller pour lire ou jouer un jeu de famille. Avant d'aller nous coucher, nous avions l'habitude de lire la Bible à l'aide de ce faible éclairage et un livre spirituel comme un commentaire de l'épitre de Paul au « Galates » ou un autre dont je me rappelle le titre « l'Apocalypse », avec notre Bible en mains, en consultant verset par verset. Notre lecture ou conversation était régulièrement interrompue par les camions de l'armée qui passaient à grand bruit et à toute vitesse pour aller maîtriser les émeutes déclarées au lieu connu sous le nom de PK 6. Je me rappelle bien que c'était le grand marché situé à 6 km du centre-ville. Nous avions barricadé les portes de la maison avec de grosses poutres à l'intérieur pour éviter toute irruption surprise. La situation devenait de moins en moins sûre. Aussi, pendant nos jours et parfois semaines d'absence, le tout était barricadé et un gardien (du nom de Mathias) montait la garde avec un arc et des flèches, mais nous n'avons jamais été surpris par un vol ou quoi que ce soit d'autre. Nous ne pouvons que remercier le Tout-Puissant d'avoir gardé le peu de biens que nous possédions ou de nous avoir évité d'être soumis à des violences physiques. « L'ange de l'Eternel campe autour de ceux qui le craignent, et Il les arrache au danger. » (Ps108 : 14) !

Quand Adelheid devait partir et que je restais seul, comme l'ai déjà mentionné plus haut, plusieurs membres de l'église locale me rendaient régulièrement visite. C'est lors d'une de celles-ci que mon frère Tita m'a raconté son histoire.

34. PK 22

Un nom assez étrange. Eh non ! C'était simplement l'endroit situé à 22 kilomètres de Bangui sur la route de Sibut. Mais il fallait chaque fois, pour s'y rendre, passer plusieurs postes de police et une foule de gens qui se massait à l'entrée de la ville pour y entrer ou en sortir. Ce n'était pas toujours une agréable expérience.

Une fois passé cet attroupement, les 22 kilomètres suivants, il n'y avait, à gauche et à droite, rien que de la savane et de la brousse. Au kilomètre 22 se trouvait un village où nous avions commencé à évangéliser. Un petit groupe s'était formé dans le village. Chaque Sabbat que nous n'étions pas en déplacement dans le pays, mais sur place pour le culte à l'église de Bangui-centre ou à Ngaragba (située près de la célèbre prison), nous allions l'après-midi à PK22 pour visiter et

Réunion à PK22

encourager nos membres. Le groupe grandissait et bientôt il a bientôt fallu penser à acheter un terrain pour y construire une église. Là se trouvait une ancienne ruine de bâtiment datant du temps de Bokassa qui avait envisagé d'y construire une sorte d'usine pour exploiter une conserverie d'ananas. Le lieu ne servait plus à rien mais c'était exactement ce que nous cherchions. Avant mon départ, j'ai encore pu m'arranger avec les géomètres du cadastre pour qu'ils viennent fixer les dimensions et placer les bornes. Nous avons ensuite creusé une source d'eau, mais je ne sais pas ce qu'il en est advenu plus tard.

35. L'énigme

Sur la route entre Sibut et Bambari dans l'Ouaka se trouvait une église en formation. Nous faisions beaucoup de « church planting ». Ce terme est entré assez tard dans le vocabulaire adventiste de notre Europe actuelle mais le « church planting » était déjà depuis bien longtemps mis en pratique dans la RCA. Un évangéliste ou même un membre laïc partait dans un lieu non pénétré par notre message et commençait à y prêcher. Je ne me rappelle plus le nom exact de l'endroit dont je parle maintenant mais je pense que c'était Grimari, un lieu assez peuplé. Chaque fois que j'y passais pour aller dans la Basse Koto ou le Mboumou, je m'arrêtais pour visiter ce groupe et les encourager par la parole de Dieu. C'était aussi un lieu propice pour se reposer un peu du long trajet déjà parcouru, qui permettait de se rafraîchir un instant avant d'entreprendre les derniers 250 kilomètres poussiéreux jusqu'à la capitale. À défaut d'un lieu suffisamment grand pour contenir les gens, j'y prêchais toujours en plein air. L'ancien responsable du groupe me demandait à chaque occasion : « S'il vous plaît pasteur, donne-nous des poutres pour construire notre chapelle ! » Par manque de fonds, ma réponse était toujours la même : « Patientez, frère nous n'avons, pour l'instant, pas d'argent disponible pour les poutres mais cela viendra un jour ! Des semaines plus tard, je me suis à nouveau arrêté dans le même lieu. À ma descente de voiture, le frère est accouru vers moi tout rayonnant et m'a remercié pour les poutres que je lui avais envoyées. Je ne comprenais pas bien ce qu'il voulait dire car je ne lui avais absolument rien envoyé. Il a insisté, me racontant qu'après ma dernière visite, un camion était passé, livrant pour la Mission adventiste, exactement le nombre de poutres dont ils avaient besoin pour la nouvelle chapelle. J'ai été stupéfait et n'ai jamais pu résoudre cette énigme. Qui avait pu livrer cette cargaison de bois ? Je suppose que le Seigneur a dû envoyer ce lot car à ma connaissance, personne n'est jamais venu réclamer ce bois qui a été livré pour notre église. C'est ainsi qu'à de multiples reprises, nous avons pu rencontrer notre Dieu qui n'arrête pas de venir en aide à ceux qui se confient en Lui ! Je pense ici au texte « Si l'Eternel ne bâtit la maison, ceux qui la bâtissent travaillent en vain » (Ps. 127 : 1).

Les années passent vite. La sécurité dans le pays s'est de plus en plus relâchée, à tel point que c'est vraiment devenu dangereux de s'éloigner à grande distance de la capitale. Les coupeurs de routes se sont multipliés et ont menacé les voyageurs avec des armes de poing. On a commencé à compter les morts. Une fois, j'ai fait le voyage en avion avec le ministre comme je l'ai mentionné plus haut. D'autres missions ont, pendant ce temps, perdu des missionnaires sur ces routes devenues dangereuses. C'est resté pour moi une énigme, pourquoi eux et pas nous ? Je ne saurais fournir de réponse. Le « pourquoi » et le « comment » resteront des questions sans réponse convenable jusqu'au jour où le Seigneur nous fera voir l'autre côté de la pièce.

C'est ainsi qu'à de multiples reprises, nous avons pu encontrer notre Dieu qui n'arrête pas de venir en aide à ceux qui se confient en Lui !

À un moment donné, Adelheid a dû être rapatriée en Europe pour cause de maladie. Je sentais de mon devoir de la laisser aller et de rester sur place pour terminer ce séjour. Je dois encore ajouter que nous attendions toujours les fonds d'ADRA pour commencer à ouvrir le Centre de Santé. La caisse de matériel que nous avions apportée en venant était toujours stockée dans le garage, en attente. Cette lenteur administrative d'ADRA avait comme seul avantage que, lors de beaucoup de mes déplacements, Adelheid a pu m'accompagner, comme je l'ai déjà mentionné plus haut. Les six mois restant après son départ, je me suis surtout lancé dans l'évangélisation à Bangui et la visite des membres. Au moment de mon départ, la caisse de matériaux que nous avions amenés pour le centre de santé était toujours dans le garage et fermée. Je n'ai jamais pu savoir ce qu'il en était advenu ensuite. Deux jours avant mon départ, j'ai reçu un chèque d'ADRA pour lancer le projet de santé. Le cœur bien triste, il ne me restait qu'à le renvoyer à son expéditeur. Ainsi se termina notre séjour africain.

36. Le Retour et Alors…

Depuis un certain temps, j'ai commencé à considérer notre vie passée. J'ai eu soixante-quinze ans et je ne sais pas combien d'années il nous reste. Et maintenant, parvenu à l'automne de ma vie, c'est exactement comme je lis dans le Psaume 77 : 6, 7 : « Je pense aux jours anciens, aux années d'autrefois… et mon esprit médite… ». Nous vivons trop souvent les regards portés vers l'avant, même s'il faut le faire mais n'oublions pas de diriger aussi les yeux vers l'arrière, pour compter les bienfaits de Dieu et méditer sur la façon dont Dieu nous a guidés et gardés au moment de choix difficiles à faire. Les multiples occasions où Il nous a préservés de malheurs ou d'autres épreuves de la vie sont souvent bien vite oubliées. La pire des choses qui peut arriver dans ces pays est d'avoir un accident de la route. Merci Seigneur parce que cela ne m'est jamais arrivé. Tout ne s'est probablement pas déroulé comme nous l'avions voulu ou espéré mais le Seigneur connaît le pourquoi, et cela me suffit. Il y a des hauts et des bas dans la vie. Des situations incompréhensibles se présentent parfois où l'on se pose la question : « Comment et pourquoi le Seigneur n'intervient-il pas et laisse-t-il faire ? » Je les ai également vécues. C'est autant arrivé dans nos églises en Afrique que dans

> *Et maintenant, parvenu à l'automne de ma vie, c'est exactement comme je lis dans le Psaume 77 : 6, 7 : « Je pense aux jours anciens, aux années d'autrefois… et mon esprit médite… ».*

celles que nous avons ici, en Europe. On ne vit pas toujours des miracles dans les missions mais il y a aussi des déceptions et des échecs probablement aussi dus à de mauvaises décisions de notre part, des découragements, des hauts et des bas dans des situations qui semblent sans issue. J'ai un jour entendu un jeune pasteur raconter une expérience typique qui m'a beaucoup aidé à résoudre ce problème. Je la partage ici en quelques mots.

En voyage dans un petit avion, il veut se mettre à écrire et dans ce but, il cherche à faire sortir la petite tablette du siège. Mais dans ce petit avion, les tablettes ne sont pas, comme d'habitude, fixées dans les chaises mais à l'intérieur des côtés de l'avion. En tirant sur sa tablette, il n'arrive pas à la faire sortir. Après plusieurs essais demeurés vains, d'autres personnes sont venues à son aide mais leur intervention n'a pas non plus apporté le résultat escompté. Un membre du personnel navigant est finalement venu et c'est à ce moment qu'on remarque qu'il est noté au-dessus de la fenêtre de son fauteuil : « Ceci n'est pas une tablette mais une sortie de secours ». Imaginez la situation si la sortie de secours s'était ouverte ! Cela n'a, heureusement, pas été le cas. Dieu n'agit-il pas de la même manière envers nous ? En ne répondant pas à toutes nos détresses, il nous protège probablement de choses plus graves qui pourraient nous arriver. Si Dieu nous ouvrait chaque porte que nous lui priions d'ouvrir, répondait à chacune de nos prières comme nous voudrions les voir exaucées, nous ne parviendrions peut-être jamais à notre destination finale ! Nous connaissons des frustrations mais Dieu n'a probablement pas toujours ouvert toutes les portes pour en garder ouvertes de plus grandes ! Gardons confiance dans ce Dieu qui ne veut que notre bien !

En dernier lieu, je voudrais vous transmettre un texte biblique qui est probablement mon préféré. Il y a de nombreux passages encourageants dans la Bible, pour ne pas que dire que la Bible en est remplie mais l'un d'eux est spécifique pour moi. Il se trouve en Ps. 115 : 12 : « L'Eternel se souvient de nous, il bénira ». Luther traduit ici un peu différemment. Il dit « Gott denkt an uns und segnet uns / Dieu se souvient de nous et nous bénit ». Pour Luther, Dieu pense tout le temps à nous et bénir n'est pas dans l'avenir mais Sa bénédiction est comme une expérience journalière.

Nous ne remarquons pas à chaque moment Ses bénédictions. C'est à nous d'ouvrir nos yeux et de voir !

Je suis donc retourné en métropole dans le courant de l'année 1992. Comme j'en ai fait mention plus haut, ce retour précoce était lié à la maladie de ma chère épouse. J'ai été réaffecté au Grand-Duché de Luxembourg pour continuer l'évangélisation dont s'était occupé Gérard Friedlin pendant que nous étions partis. (En ce qui concerne mon épouse, heureusement et par la grâce de Dieu, ce n'était rien de grave et elle a bientôt trouvé un nouvel emploi dans un hôpital sur place). Deux événements m'ont surtout marqué pendant les années qui ont suivi.

Le premier a été le cas d'une de nos familles membres. Cette dernière a été confrontée à la commission scolaire du lieu où elle résidait. En général, pour aider nos membres à obtenir une dispense pour leurs enfants de fréquenter l'école le jour du sabbat, une lettre du pasteur suffisait. Ce qui se faisait d'habitude n'a, cette fois, pas été accepté par la professeure responsable. De la commission scolaire, l'affaire est allée devant le bourgmestre qui, à son tour, n'a pas voulu octroyer la dispense, en se basant sur un texte de la loi scolaire. Il est bon de rappeler ici que nous avions, quelques années auparavant, le 26 novembre 1982 pour être précis, reçu une lettre ministérielle accordant cette dispense. Mais rien à faire, le bourgmestre campait fermement sur sa position. Parvenus à ce niveau, nous avons demandé l'assistance de la fédération qui est intervenue en nous envoyant le responsable du département « liberté de conscience ». Mais cette intervention n'a rien changé non plus. On se basait toujours sur la loi scolaire. Les parents ont, entre temps, été menacés de voir la police intervenir pour chercher les enfants s'ils ne les envoyaient pas à l'école le samedi matin. Vous pouvez vous imaginer l'état d'esprit des parents. Dès ce moment, le cas a été transmis à la justice. Un avocat a été mis à notre disposition par la fédération, qui avait maintenant pris les choses en main. Ce dernier a réussi, par ses plaidoyers, à suspendre l'intervention policière jusqu'au moment où un jugement final serait prononcé. Pendant ce temps, les parents ont aussi été convoqués devant le tribunal. Très stressés et quelles que soient les questions posées par le magistrat, ils sont restés fermes, défendant leur cause. Lorsque j'ai assisté à cette séance, j'ai pensé aux quatre jeunes Israélites à la cour de Nébucadnetsar à Babylone. Finalement, le verdict a été prononcé juste au début des vacances scolaires. Mais quelle déception ! Aucune considération de la liberté religieuse dans le jugement ! En quelques mots, le jugement disait : liberté religieuse oui mais si cela dérange l'ordre public, c'est un « non ». Je copie ici une partie du texte exact qui a été transmis aux parents et à notre avocat en date du 17/02/1998 : « *...le samedi est en l'espèce susceptible de désorganiser démesurément les programmes scolaires aussi bien du point de vue du bénéficiaire du régime ainsi dérogatoire que des responsables de classes....* » *Un article est paru le lendemain dans la presse luxembourgeoise sous le titre « Tribunal administratif : L'obligation scolaire prime sur la religion »* !

Que faire maintenant ? Il semblait que nos prières avaient été vaines : tout ce travail et ce stress pour rien ? Pourtant, depuis des mois, une demande de la population était déjà dans l'air pour changer l'ordre scolaire du weekend. Une loi a été votée quelques semaines plus tard pour accorder aux communes l'autonomie pour décider d'adapter la loi scolaire à la demande de la population. Une grande partie des communes luxembourgeoises ont voté ce changement. Le Seigneur a-t-il ménagé une sortie de secours ? Le problème a été résolu une fois pour toutes pour la plupart des enfants adventistes. Ce changement de loi est venu au bon moment. Certaines communes n'ont pourtant pas adopté cette modification et le problème existe encore jusqu'à présent. D'ailleurs, quelques années plus tard (en 2000), une autre famille de notre communauté s'est trouvée confrontée à la même difficulté. Elle vivait dans une commune qui n'avait pas accepté le changement. Le 14 mars 2000, on pouvait à nouveau lire dans la presse Luxembourgeoise et je cite : « *Mme. X, ministre de l'Education nationale, a récemment présenté des propositions concernant l'introduction, dès la rentrée prochaine, de nouveaux horaires dans les écoles primaires : elles portent essentiellement sur le cours du samedi matin qui, selon la formule retenue par les autorités communales, pourrait tout simplement disparaitre* ».

Pourtant, une troisième famille se retrouve encore aujourd'hui dans une situation difficile. Elle habite dans une commune qui n'a pas encore adopté le nouveau système. Elle a été obligée d'envoyer son enfant dans une autre commune pour le scolariser ou de faire l'école à la maison. Cette dernière possibilité n'est pas donnée à tout le monde. Conclusion finale : Liberté religieuse oui mais que cela ne dérange pas l'ordre public. Tout cela malgré une résolution qui a été prise par *« the parliamentary Assembly of the Council of Europe………a Resolution as well as a Recommendation…on The protection of the rights of parents and children belonging to religious minorities …. the text of the resolution has the merit to invite States to affirm and protect the right of all not to be compelled to perform actions that go against their deeply held moral or religious beliefs. (European Council for Law and Justice (ECLJ) April 2017. Voir l'entièreté du texte à la fin)*. Il me semble que cette résolution n'a pas été prise en considération ou soit inconnue.

Autre point intéressant : Dans l'ex-DDR, on présentait aussi la loi scolaire en premier lieu pour refuser la liberté à nos enfants. On était lié par la loi mais notre frère Reinhold Paul dans son livre « Gott war immer in der nähe » fait remarquer que cette loi n'avait rien à voir avec la présence de l'enfant pendant six jours consécutifs à l'école mais s'intéressait plutôt à la réussite de l'élève à la fin de l'année scolaire. Quand ce but était atteint, la loi scolaire n'avait-elle pas été satisfaite ? Même quand les autorités n'étaient pas du même avis, les enfants ne fréquentaient pas l'école le sabbat et les enseignants avaient ordre de transmettre à leurs supérieurs uniquement les éventuels cas de lacunes ou le niveau insuffisant des enfants. Ce qui n'était jamais le cas, ainsi le chapitre était clos. Il faut encore remarquer que dans ce pays athée et communiste à 150 %, la loi scolaire pouvait être contournée plus facilement que dans nos démocraties qui se félicitent de leur « liberté religieuse » et la chantent sur tous les toits. La liberté de conscience a été plus respectée dans les pays communistes que chez nous !

En 1996, Hans Obenaus m'a contacté pour me demander si je serais éventuellement disponible pour aller au Sénégal. Il servait avec son épouse Sylvie à notre station en Casamance. Sylvie s'occupait du dispensaire attaché à la station missionnaire. Ils devaient bientôt se rendre en

Mauritanie, pour y entreprendre l'œuvre d'ADRA dans ce nouveau territoire. Il se trouvait qu'Adelheid et moi formions le couple idéal pour les remplacer sur place. Mais avant de transmettre nos noms à la Division, il désirait savoir ce que j'en pensais. C'était difficile de répondre si rapidement. J'avais des réticences car l'évangélisation battait son plein au Grand-Duché. De plus, j'aurais bien voulu voir l'endroit avant de nous y lancer. Mon épouse m'a conseillé d'aller voir avant de nous décider. J'ai alors demandé un congé de 10 jours pour m'y rendre. Je suis donc parti au Sénégal. Pour aller de Dakar (la capitale) en Casamance, il faut traverser tout le sud du pays. Daniel Cordas, qui était à cette époque président de la mission au Sénégal, était absent à ce moment-là. Hans m'a fait voir l'essentiel de la mission, me conduisant aussi en Guinée Bissau où il devait aller encaisser un chèque d'ADRA. Pour quelques milliers de dollars US, nous devions transporter des sacs pleins de billets locaux. Je ne me rappelle plus exactement leur quantité ni leur poids mais en tout cas, ils étaient lourds. À la fin de cette visite et après une dizaine de jours, nous avons prié pour implorer la grâce de Dieu, pour que l'Eternel nous guide dans notre décision. Finalement nous ne l'avons pas acceptée et plus tard, cette décision s'est avérée sage. Merci Seigneur !

Le cas suivant s'est déroulé en 1997. Depuis notre retour définitif en métropole, je m'étais surtout lancé dans des conférences et P5J. Aussi, à la foire Internationale de Luxembourg (FIL), nous avons eu un stand pour faire connaître notre œuvre de santé par nos P5J. Un beau jour, je reçois à nouveau une demande de Hans Obenaus qui s'occupait alors d'ADRA en Mauritanie, qui me propose de me rendre à Nouakchott pour l'aider à débuter l'implantation des P5J en Mauritanie.

Il avait demandé de l'aide à l'UFB mais la réponse avait été claire : la Mauritanie ne faisait pas partie de leur territoire. Il a alors fait appel à moi. J'ai ensuite contacté notre président de la fédération BL qui, je pense, avait probablement une vision plus

Stand du P5J au F.I.Luxembourg

large de notre église et m'a donné sans problème l'autorisation de m'y rendre. Après avoir encore contacté notre Division à Berne, les coûts du déplacement ont été pris en charge par celle-ci, prélevés sur les frais du département ADRA. Quelques semaines plus tard je m'envolais à nouveau vers l'Afrique. À mon arrivée à Nouakchott, nous avons rendu visite à plusieurs fonctionnaires et quelques jours plus tard, nous nous sommes retrouvés dans une grande salle mise à notre disposition par la ville pour inaugurer le premier P5J dans ce grand pays musulman. Un grand nombre de gens y assistait. Nous avons même un soir eu la présence de la télévision & radio mauritaniennes. Elles s'étaient chargées de la majeure partie de la publicité. Mon étonnement n'a pas été trop grand de me retrouver le lendemain soir sur les écrans de la télévision du pays. Une fois de retour dans mon lieu de travail du GD, j'ai continué l'évangélisation dans ce pays tellement fermé à l'évangile. Voici encore un épisode pour expliquer les difficultés rencontrées. J'en ai été informé dès mon arrivée par un des membres présents dans le pays.

Peu avant que frère F. Lecompte ait commencé ici, un de ses enfants avait décidé de se rendre au Luxembourg pour le colportage pour gagner ainsi l'argent nécessaire pour payer ses frais d'études. Il a très vite été interpellé par la police car au GD la vente de porte- à- porte est interdite. Le pauvre jeune homme a été conduit au poste de garde et interrogé. Si je me rappelle bien, c'est ainsi qu'on me l'a raconté, son père a dû venir pour le sortir de cette situation peu confortable. À la fin de l'histoire, vu que le Belge n'était pas au courant de la loi interdisant le colportage, il a pu rentrer, mais ses livres ont été confisqués. Après mon retour de Mauritanie, j'ai continué le porte-à-porte, non pour vendre des livres mais avec un « sondage d'opinion » concernant certains points de la foi chrétienne pour ainsi trouver d'éventuels intéressés. Il me semble pourtant que quelqu'un a dû un jour m'observer derrière des rideaux pendant que je marchais d'une maison à l'autre et que cette personne a dû alerter la police puisqu'une patrouille mobile est arrivée quelques minutes plus tard, m'a arrêté et interrogé car le travail de vente ambulante n'était pas encore permis. Après que j'ai décliné mon identité et expliqué mon occupation du moment, ils m'ont rendu la liberté mais je ne les ai pas laissés partir sans leur poser les questions de mon « sondage d'opinion » auxquelles ils ont gentiment voulu répondre. Depuis, la loi a changé et le travail ambulant de porte- à-porte est aujourd'hui autorisé.

Je dois encore intercaler ici un épisode qui m'a montré comme les gens sont ignorants concernant la religion et la foi mais qui m'a personnellement donné une forte leçon sur la grâce de Dieu. Ce soir-là, je devais me rendre à une adresse un peu problématique et je me posais la question : « Comment résoudre le problème ? » L'adresse était éloignée et il faisait déjà noir. Perdu dans mes pensées, je n'avais pas remarqué qu'à un moment donné, la vitesse était limitée à « 60 » et je faisais du « 70 ». Un peu plus loin se trouvait une patrouille mobile pour arrêter les plus pressés. J'était maintenant coupable de transgresser la loi. Après une gentille salutation, le policier m'a fait remarquer que ma vitesse n'était pas conforme à celle prescrite. Cela me coûterait pas mal vu que les tarifs avaient encore augmenté la semaine précédente. Que dire dans une situation pareille ? Après avoir réclamé mes papiers, le policier me demande quel est mon métier. « Je suis pasteur » dis-je, ce à quoi l'officier de la loi rétorque : « Qu'est-ce que c'est ? » « Prédicateur de la grâce », et j'ajoute : « Voici que maintenant, le prédicateur de la grâce est tombé sous la condamnation de la loi ». Mais l'homme ne semble rien comprendre et continue à me demander : « Un pasteur, c'est quoi ? » « Un pasteur est un ministre protestant, comme un prêtre est un officiant de l'église catholique » mais cette réponse semble de plus en plus confondre le brave officier. « Je ne comprends pas. Expliquez-moi encore » me dit- il. Et je répète : « Le pasteur, le prédicateur de la grâce est tombé sous la condamnation de la loi » mais cette répétition ne me semble pas l'avoir éclairé ni convaincu. Probablement parvenu à la fin de son latin, il me dit : « Voici vos papiers et faites attention à l'avenir ! » J'ai dû sourire un peu après cet incident mais cette soirée ne m'est jamais sortie de la tête et m'a permis de réfléchir. N'en est-il pas de même pour chacun de nous face à nos culpabilités et au pardon divin ? J'étais coupable d'une transgression qui allait me coûter cher ! Mais j'ai obtenu une grâce qui m'a sauvé d'une forte amende. Depuis ce soir-là, je prête toujours doublement attention à la vitesse autorisée. Il existe toujours une raison de s'en tenir aux prescriptions car elles veulent éviter des accidents. Est-ce que je fais de même avec le conseil divin concernant ma façon de vivre ? En vérité, je fais ce que je veux mais Dieu désire le meilleur pour moi. C'est ainsi que je fais bien de prêter attention à Ses conseils car Il veut me protéger d'un désastre. Ceci ne s'applique pas seulement outre-mer mais n'importe où que nous soyons envoyés. C'est la raison pour laquelle j'ai aussi raconté quelques épisodes de mon travail en Europe.

L'œuvre missionnaire a toujours été une passion pour moi et les anciens missionnaires nous (mon épouse et moi) ont toujours servi d'exemple. Pourtant, dans quelle mesure pouvons-nous nous comparer à eux ? En lisant l'ouvrage « A Daughter Remembers » écrit par Lydie, la fille de D.E. Delhove, le premier missionnaire belge parti en 1913, ce que ces gens ont offert comme sacrifices et laissé derrière eux m'est clairement apparu. Nous nous rendons aujourd'hui en Afrique en avion et nous arrivons à destination en un ou deux jours. Ce n'était pas le cas dans ces temps-là. Lydie Delhove décrit dans son ouvrage comment il fallait cinq longs mois à partir de l'Europe pour arriver au bord du lac du Rwanda par bateau, train, puis de nouveau par bateau, de longues marches à pied à travers la brousse, en pirogue, etc. Elle écrit : « *Nous avions voyagé 2.400 miles à travers l'Afrique à partir de l'océan atlantique, Cinq longs mois avaient passé depuis que nous avions quitté l'Europe … C'était en août 1919* ». Une fois à destination, ils devaient commencer à construire des habitations (temporaires), prêcher l'évangile, et quand ils tombaient malade, à part quelques traitements indigènes, la seule chose qu'on pouvait faire était de prier Dieu pour qu'Il intervienne. Les communications étaient longues en ce temps-là, il fallait souvent des mois pour qu'une lettre arrive d'Europe. À cause de cela, nos pionniers devaient régulièrement se fier à leur propre jugement dans les situations d'urgence. Dans une lettre de David Delhove datée du 11 juillet 1942, il écrit à sa fille Lydie : « Sur nos genoux, nous nous sommes mis dans les mains de Dieu qui ne manquait jamais de répondre à nos supplications ». David s'est endormi en janvier 1949 mais c'était un pionnier de l'œuvre adventiste en Afrique et quel témoignage il a laissé ! Après son enterrement en terre africaine, un homme est venu vers Lydie, lui disant : « Tu sais, ton père était un vrai chrétien. Je ne partageais pas les mêmes croyances mais j'avais beaucoup d'admiration pour lui. Il n'a pas seulement eu foi dans sa religion mais il l'a vécue ». Un témoignage qui me fait à nouveau réfléchir. Peut-on dire la même chose de moi ?

Dans les pages précédentes, j'ai écrit ce que j'ai pensé essentiel à transmettre comme témoignage de notre vécu avec Dieu. Le temps des missionnaires venant d'Europe ou des USA est partiellement révolu de nos jours. Mais heureusement, l'œuvre qui a été commencée dans ces pays, souvent dans les circonstances les plus difficiles, se poursuit. Nous étions un peu comme la troisième et la dernière génération missionnaire et nous remercions Dieu pour ce que nous avons pu accomplir pendant ce temps-là. Cette œuvre, initiée par le Seigneur, continue encore aujourd'hui et il est regrettable que tant d'églises aient abandonné le rapport missionnaire qui nous permet de voir comment l'œuvre adventiste progresse souvent dans des situations difficiles, pour ne pas dire dangereuses. Il existe encore aujourd'hui des frères et sœurs de notre église qui quittent leur patrie pour aller servir dans un pays d'outre-mer, peut-être plus tellement en Afrique mais en d'autres endroits du monde, surtout en Asie.

> *Chacun de nous est missionnaire dans le champ qui l'environne et chacun pourrait faire ses expériences. Il suffit d'ouvrir les yeux pour voir quotidiennement les miracles de Dieu et faire des expériences avec lui.*

Nous ne pouvons pas devenir des églises tournées vers nous-mêmes. C'est pourtant aussi partiellement nécessaire car nous avons besoin que nos églises locales se développent aussi. Mais nous ne pouvons pas oublier que nous faisons partie d'un mouvement mondial et que « le champ c'est le monde » (Matth.13 : 38). La fin de l'histoire : Chacun de nous est missionnaire dans le champ qui l'environne et chacun pourrait faire ses expériences. Il suffit d'ouvrir les yeux pour voir quotidiennement les miracles de Dieu et faire des expériences avec lui.

Pour terminer, un dernier mot pour réfléchir. Un jour, un rabbin posait la question suivante à ses élèves : « Où est Dieu ? » Après un temps de réflexion, l'un après l'autre commençaient à répondre : « Au ciel », disait un des étudiants. « Dans la nature », disait un autre. « Dans la bibliothèque », disait un troisième « Dans la synagogue », disait encore un quatrième. Chaque fois, la réponse du rabbin était « non ». Les étudiants commençaient à s'impatienter et demandaient maintenant au rabbin de donner la réponse car ils ne comprenaient plus. Finalement, tout relax et sûr de lui, le rabbin disait : « Dieu est là où vous l'invitez ». Quelle grande vérité ! Oui, Dieu est là où nous l'invitons. N'oubliez pas de l'inviter chaque jour ! Mais comment puis-je sentir la présence du Seigneur ? C'est une bonne question et je l'ai souvent entendue. Des gens me l'ont souvent posée. J'ai toujours la même réponse. Elle se trouve en Psaume 139 :5. « Tu m'entoures par derrière et par devant et mets ta main sur moi ». Ceci me donne confiance. Il m'entoure ! Je ne le sens probablement pas toujours, mais le fait qu'Il est près de moi reste. « Dieu nous entoure » et nous devons chaque jour faire cette expérience ! Dieu ne nous laisse jamais seuls. Lorsque nous le laissons de côté, c'est alors que nous sommes seuls mais nous ne voulons pas cette vérité. On se sent trop privé de notre liberté et on préfère vivre sans Dieu. Inutile de décrire ici ce que nous récoltons quand nous vivons sans lui : meurtre, suicide, drogue avec toutes ses conséquences néfastes, criminalité et vous pouvez allonger la liste.

Encore ceci, à la fin de la deuxième guerre mondiale, au procès de Nuremberg (1945-46), Hans Frank qui fut le gouverneur général de la Pologne du régime NAZI, connu sous le nom de « boucher de la Pologne », avait, me semble-t-il, une vision claire des choses. Il a dit à la fin de son plaidoyer : « Il me semble qu'au début de notre chemin, nous n'avons pas pu penser que notre mise de côté de Dieu pouvait produire de telles conséquences néfastes, meurtrières et exécrables... C'est ainsi que par notre négligence de Dieu, nous sommes devenus une honte et nous devrions disparaître. » Quand on néglige Dieu, la fin est toujours tragique !

Maintenant, tant d'années plus tard, mon cœur est toujours un peu attaché à l'Afrique, terre que j'aime et vers laquelle je retourne à certaines occasions. J'y ai laissé beaucoup d'amis. Quelle joie m'a été réservée d'en rencontrer plusieurs ou leurs descendants à la Conférence Générale de San Antonio en 2015 ! C'était émouvant de rencontrer la génération suivante. L'œuvre, une fois commencée, est poursuivie par une génération pleine de force et de l'amour du Christ. Aujourd'hui, vingt ans plus tard, notre Europe est submergée par des frères et sœurs africains qui, pour l'une ou l'autre raison, ont dû quitter leur pays natal. Ce sont eux qui sont devenus nos missionnaires, ici dans nos pays, et nous pouvons dire quelle chance car ce sont eux qui remplissent nos églises ces jours-ci et l'Adventisme peut continuer à exister. En Matthieu 27 : 32, nous lisons qu'un certain homme « Simon de Cyrène » a été forcé à porter la croix de Jésus. Remarquons ici que Cyrène était une grande ville d'Afrique du nord. Faut-il maintenant que les Adventistes d'Afrique portent le message adventiste dans notre Europe moderne ? Il me semble. L'Europe est-elle devenue une culture qui n'a plus besoin de Jésus ?

Que je termine avec ce que je viens de lire quelque part et je pense que c'est une pensée de Saint-Exupéry et encore valable aujourd'hui:

« *Quand les gens commencent à vivre sans Dieu,* »
Les gouvernements sont perplexes
Les peuples sans paix
Des dettes sans fin
Les conversations sans résultats
Eclaircissement écervelé
Politiciens sans caractère
Chrétiens sans prière
Les églises sans force
Les mensonges sans fin

Les mœurs déchaînées
La mode sans honte
Crime sans fin
Conférence sans fin
Perspectives désolantes
Le monde de la culture moderne est-il ainsi ?
Dieu m'a donné deux fils, un pour moi l'autre pour Dieu.
Qu'il soit ainsi ». Cette remarque (de mon père à sa mère) si rapide et convaincante m'a poursuivi jusqu'aujourd'hui »

L'Eternel gardera ton départ et ton arrivée dès à maintenant et à jamais (Ps 121 : 8)

Quoi de mieux que de rendre témoignage de la façon que Dieu, le Seigneur Jésus Christ, m'a dirigé par les expériences que j'ai pu faire avec Lui. Que Son nom soit loué, et que ces instances qui ont imprégné ma mémoire et ma vie puissent servir d'inspiration pour d'autres pour se confier à Celui qui ne nous laisse jamais sans Sa présence.

Marc D. Cools

TEACH Services, Inc.
P U B L I S H I N G
www.TEACHServices.com • (800) 367-1844

We invite you to view the complete
selection of titles we publish at:
www.TEACHServices.com

We encourage you to write us
with your thoughts about this,
or any other book we publish at:
info@TEACHServices.com

TEACH Services' titles may be purchased in
bulk quantities for educational, fund-raising,
business, or promotional use.
bulksales@TEACHServices.com

Finally, if you are interested in seeing
your own book in print, please contact us at:
publishing@TEACHServices.com
We are happy to review your manuscript at no charge.

www.ingramcontent.com/pod-product-compliance
Lightning Source LLC
Chambersburg PA
CBHW071609170426
43196CB00034B/2248